La méditation
pleine présence

Éditions Eyrolles
61, bd Saint-Germain
75240 Paris Cedex 05
www.editions-eyrolles.com

Ouvrage dirigé par Anne Ghesquière, fondatrice
du magazine FemininBio.com pour mieux vivre sa vie

Danis Bois et Isabelle Eschalier

Préface de Pierre Rabhi

La méditation pleine présence

Les sept voies d'accès à la chaleur humaine

Éditions
EYROLLES

Sommaire

Chapitre 2

Processus de découverte de la méditation pleine présence et du mouvement interne 47

Chapitre 3

Les sept voies d'accès à la chaleur humaine 103

Préface de Pierre Rabhi

Il y a quelque temps, Danis Bois et Isabelle Eschalier m'ont demandé si j'acceptais de préfacer leur ouvrage *La méditation pleine présence*. J'ai été honoré et je les en remercie. Par ce livre, ils font œuvre utile à la société contemporaine dont le moins que l'on puisse dire c'est qu'elle est dispersée, fragmentée, frénétique et ne sait pas où elle va tout en y allant, selon les mots de Pierre Fournier.

Un de mes séjours à Paris m'a confirmé le processus qui produit indifférence et anonymat. J'embarque dans un wagon archi-comble de ce prodige technologique appelé TGV. L'impression est celle d'une chapelle car personne ne s'adresse la parole. En cause, les instruments de communication ! Ce qui est sensé décloisonner et rapprocher, cloisonne les esprits. Les enfants sont rendus sages par la fascination des écrans. Je trouve cette fascination malfaisante pour ces petits êtres auxquels l'immersion dans le monde tangible est indispensable à leur construction physique, mentale et psychique.

Chaque conscience éveillée et attentive, soucieuse de l'état et du devenir du monde, a toutes les raisons d'être pessimiste. Il est cependant heureux que dans ce climat universel où s'entretuer, détruire des créatures compagnes de notre destin, dénaturer la nature de mille façons, des résistances ne cessent de se propager pour tenter l'harmonie avec le réel. Car le réel, tel que je l'observe et le conçois, est essentiellement de nature symphonique. La loi de la complémentarité comme condition pour que la réalité vivante puisse advenir et durer est rigoureuse. Quant à la chorégraphie céleste si belle d'étoiles dansantes et scintillantes, elle s'accorde avec la splendeur du silence cosmique, que la civilisation du bruit et du vacarme rend inaccessible.

J'ai, depuis longtemps, donné à la méditation un sens particulier. Il y a celle qui nécessite une sorte de protocole comme faire silence pour être mieux à l'écoute de soi et celle qui se nourrit de l'objectivité que nous révèle la réalité et qui a trait à l'émerveillement face à la beauté concrète de la nature ou à l'innocence qui illumine le visage d'un enfant. Je pense que si la méditation qui a trait à la réalité de la nature avait été cultivée nous n'aurions pas agressé et dénaturé notre monde au point de nous rendre à nous-mêmes la vie presque impossible. La terre nourricière, l'eau, l'air et les environnements vivants empoisonnés par la chimie, le pillage de la planète, la prépondérance donnée au meurtre par les armes dont la plus hideuse atteint son apothéose avec l'apocalyptique nucléaire à présent possible et probable.

L'écologie, si elle n'est pas une conscience, sera toujours traitée comme un paramètre subsidiaire dont les états s'occupent ou semblent s'occuper pendant les soporifiques rencontres internationales et les fameuses COP! Qu'attendent les programmateurs de l'enseignement scolaire pour donner à l'écologie la place qui lui revient pour préparer les futurs adultes à cette conscience, bien plus importante pour le futur que toutes les connaissances. À travers leur ouvrage Isabelle et Danis expliquent les grandes étapes de la méditation et de son rapport à l'humain, du nécessaire besoin de silence pour se reconnecter à soi dans un monde de frénésie, de violence, d'angoisses générées par les peurs. Une méditation pleine présence est précieuse car elle peut faire progresser chacune et chacun dans sa manière d'être avec soi, avec autrui, avec le monde. Que les auteurs soient ici remerciés pour leur contribution. Non pas seulement à la fameuse prise de conscience (comme s'il s'agissait d'électricité) mais à une élévation de conscience dont l'avenir a besoin pour n'être pas sans lumière.

Pierre Rabhi

Un petit mot d'à-propos

J'ai eu la chance de découvrir la méditation très tôt dans ma vie, grâce à des auteurs, principalement orientaux, et à des ouvrages à l'atmosphère bien mystérieuse. On y parlait de la réalité, du tout, du soi, d'états d'être particuliers, d'un cheminement auquel certains consacraient toute leur vie… Que de choses inconnues et impalpables ! Elles m'interrogeaient, suscitaient ma curiosité et mon désir d'explorer cet univers énigmatique. À cette époque, au début des années 1980, la méditation était peu répandue en France.

Mes premières expériences, de traditions diverses, furent assez arides : je faisais silence, mais au-delà d'une certaine quiétude, je restais sur ma faim. Le silence et l'immobilité généraient un état de calme, voire de paix, mais je ne me sentais pas touchée dans mon corps, ce qui me permit de comprendre *a posteriori* pourquoi j'avais la sensation de ne pas être concernée.

En 1988, je découvris la fasciathérapie et rencontrai son fondateur, Danis Bois. Je venais me former à une thérapie manuelle et je ne m'attendais pas à ce que les journées commencent invariablement par un temps de méditation. En fait, ce moment de silence quotidien était un véritable temps de travail qui avait pour but de développer la perception de notre intériorité, des états de notre corps, de ses déséquilibres et du mouvement interne qui l'anime, afin d'installer des qualités de présence et d'écoute nécessaires à notre pratique thérapeutique. Dès la première séance, j'ai pu accéder à ce monde intérieur jusqu'alors invisible à mes yeux et que je ne soupçonnais pas. Je dirais même que, n'ayant eu d'autre consigne que celle de fermer les yeux, celui-ci m'apparut naturellement. En effet, je n'avais rien fait de particulier, et pourtant des portes s'ouvraient, un voile se levait. Je découvrais, au fil des mois, ma propre profondeur, un univers savoureux, émouvant, touchant et tellement vivifiant. Et je constatais, en tant que praticienne, que plus mon écoute s'affinait, plus mon toucher devenait respectueux et efficace : il répondait à la demande silencieuse du corps, était profond tout en restant très doux, et mobilisait la vitalité de la personne de façon très positive.

Force est de constater qu'au-delà de cet enrichissement professionnel, cette forme de méditation a bouleversé mon rapport à l'existence, et je l'ai intégrée au quotidien pour et dans ma vie. Car dans ces temps de silence, ce que je ressentais était en réalité une véritable exploration de l'*intime*, entendu au sens de *ce qui est au cœur de soi, le plus intérieur de chaque être humain*, mais aussi comme *ce quelque chose en l'homme qui le dépasse infiniment*[1]. Je percevais enfin le goût de ma singularité, de ma propre

---

1. Maître Eckhart, *Et ce néant était Dieu*, Paris, Albin Michel, 2000.

présence, mais aussi, de manière incroyable, celui de l'universel. Comment décrire cette douceur incommensurable qui venait nourrir chaque parcelle de mon être, cette sensation de solidité et de plénitude qui m'accompagnait quand la paix venait se fondre en moi, cette joie de me sentir gonflée de vie ? J'ai savouré ces moments magiques. Je me suis enivrée de ce nectar. Et ceux-ci continuent de me nourrir. Un rapport sensuel ou, plus précisément, sensible à ma vie s'est installé. Un ancrage intérieur fort, accompagné d'un élargissement de la conscience qui a aussi renouvelé mon rapport aux autres et au monde. Une expérience sensationnelle, dans tous les sens du terme, que je souhaite partager à travers l'écriture de cet ouvrage.

Dans cette optique, j'ai souhaité interviewer l'homme à l'origine de cette pratique méditative, et ce pour deux raisons. La première est relative à son parcours. Pour le côtoyer depuis plus de trente ans maintenant et avoir participé à cette formidable aventure du déploiement de la philosophie et des pratiques du Sensible, je sais que Danis Bois reste un mystère pour beaucoup. Si de nombreux livres et travaux de recherche permettent en effet d'accéder à sa philosophie, ses pratiques, ses concepts, et à leurs effets bénéfiques tant sur la santé physique que psychique, personne ne s'était encore penché sur la place qu'a eue la méditation dans son parcours. Il me semblait incontournable d'y remédier.

La seconde raison qui m'a poussée à le solliciter visait à lui offrir un espace d'expression au sein duquel il se sente libre de déployer sa vision intime de la méditation. Car, paradoxalement, s'il draine des centaines de personnes chaque année dans les rencontres qu'il propose en France et à l'étranger, la méditation pleine présence qu'il enseigne reste très confidentielle, et je souhaitais lui donner une plus grande visibilité. Ma demande d'interview fut réitérée plusieurs fois, mais, peu enclin à se dévoiler ainsi, deux années s'écoulèrent avant qu'il ne me réponde favorablement. Ses réticences initiales estompées, il m'accueillit finalement chez lui afin que nous travaillions ensemble. C'est ainsi que l'aventure de ce livre commença, et que s'ensuivirent des moments d'interview et des moments d'écriture en commun ou solitaires. Au fil des jours, son élan, allié à son envie d'aller au cœur de ce sujet et de transmettre ce qu'il n'avait jamais écrit, s'intensifièrent au point que le projet se transforma en une coécriture extrêmement féconde.

Chaque matin, nous mettions en application le concept de la pleine présence : nous partagions un moment de méditation qui donnait l'impulsion à notre journée. En fait, tout notre temps était dédié à ce projet et nous étions animés par une dynamique créative assez caractéristique des moments de travail à ses côtés : emplie de joie, de confiance, d'une énergie et d'une persévérance sans égales.

Son implication permit de mettre en lumière l'importance considérable que la méditation pleine présence eut sur sa vie et sur son œuvre, mais aussi de laisser entrevoir les multiples enjeux de cette pratique. En effet, loin de n'être qu'une forme de méditation, la pleine présence représente aussi une philosophie qui constitue l'essence et le cœur des pratiques du Sensible.

C'est à la découverte de cet univers bien particulier que vous invite ce livre, mais aussi à la rencontre de ce chercheur infatigable qui aborde l'impalpable et l'inconcevable de façon très pragmatique, et de son humanisme si particulier dans sa manière d'être à soi et au monde.

Je tiens à le remercier pour le temps qu'il a consacré à ce projet, pour cette incroyable aventure de l'intériorité, et pour son amitié durable et sincère.

Isabelle Eschalier

Entrée en matière

La méditation est entrée dans les mœurs et fait partie de notre paysage quotidien. Les libraires exposent en bonne place des livres sur cette thématique et les bienfaits qu'elle apporte sur la santé. Il y a encore quelques années, les auteurs qui écrivaient sur la méditation étaient des religieux, des moines, des maîtres spirituels, ou des disciples qui racontaient leur expérience. Aujourd'hui, ils sont docteurs, universitaires ou médecins. On en oublierait presque que la méditation est une pratique spirituelle vieille de deux mille cinq cents ans.

L'étymologie du terme « méditer » nous renvoie à une double racine, l'une latine, évoquant la réflexion (*meditatio*), et l'autre, sanskrite, la sagesse (*medha*).

Les *Méditations métaphysiques* de Descartes désignent en ce terme une dynamique réflexive et introspective à partir de laquelle il élabore des fondements solides à la connaissance, tant d'inspiration mathématique que métaphysique. C'est à partir de ces méditations qu'il fait la démonstration de l'existence de Dieu, de l'immortalité de l'âme et du « sujet pensant ».

À travers le sujet pensant, Descartes réhabilite la subjectivité, soulignant la nécessité de se forger une opinion par soi-même et non à la faveur d'une révélation venue du dehors.

La notion de sagesse est très liée à celle de spiritualité, qui recouvre aujourd'hui différentes définitions selon le contexte de son usage. De façon traditionnelle, la spiritualité est rattachée aux religions et aux communautés spirituelles qui revendiquent un lien à Dieu, au Divin et à une réalité transcendante. Dans cet esprit, les termes « religion » et « spiritualité » ont fini par devenir synonymes. En philosophie, le point de vue est différent puisqu'elle traduit une séparation de la matière et de l'esprit, voire une opposition. Dans cette optique, la spiritualité désigne une activité de l'esprit.

Au XXe siècle, on assiste à l'émergence des approches spirituelles non religieuses incluant les tendances humaniste, écologiste, et le courant de la santé naturelle, préconisant la connexion à soi, aux autres et au monde, ainsi qu'à la nature.

Le bouddhisme, devenu très présent en Europe, se revendique d'une spiritualité non religieuse, et se considère comme une philosophie véhiculant des valeurs humaines telles que l'amour, la tolérance et la compassion. Dans son sillage est apparue la méditation pleine conscience qui, selon Jon Kabat-Zinn[1], est une pratique en filiation directe avec le bouddhisme

---

1. Jon Kabat-Zinn, professeur émérite de médecine, est le précurseur de l'intégration de la pleine conscience (*mindfulness meditation*) en médecine.

nettoyé de ses dogmes, de ses rituels, et de son aspect disciplinaire et hiérarchique.

Aujourd'hui, l'« expérience spirituelle » désigne un ensemble de vécus intérieurs qui vont dans le sens de l'élévation de la personne, et les expériences rapportées évoquent un éprouvé positif : un état d'amour, de sérénité et de plénitude, une expérience qui, finalement, permet à l'être humain de retrouver sa véritable nature. Abraham Maslow[1], psychologue américain, qualifie de « paroxystique » ce type d'expériences qu'il relie à des états modifiés de la perception au profit d'une vision holistique de l'univers et d'une prise de conscience que le vivant est sacré en tout point de vue.

Les philosophes André Comte-Sponville et Luc Ferry ont entamé, il y a quelques années, un débat autour de la « sagesse des modernes », avec le souci commun de mettre en relief une sagesse ou une spiritualité laïque. Ainsi, un sentiment de paix intérieure lors d'une promenade en forêt, une activité intime qui transcende le quotidien, ou bien une aventure méditative qui dépasse les compétences habituelles sont de l'ordre de la spiritualité laïque dès lors que ces états ne font pas appel à une conviction religieuse.

La vision moderne de la méditation se revendique de la laïcité et s'appuie sur la science. Le sage laïc prend d'abord

---

1. Abraham Maslow est un psychologue américain considéré comme le père de l'approche humaniste. Il est également connu pour son explication de la motivation par la hiérarchie des besoins.

connaissance de ce que la science lui enseigne sur la nature humaine, et mobilise sa conscience, sa compréhension et son jugement afin de construire sa vie au lieu de la subir. Entrevue ainsi, la méditation laïque vise le perfectionnement des compétences humaines, entraînant dans son sillage la liberté de penser, la liberté de conscience, ainsi qu'une éthique forgée à la lumière de sa propre réflexion. Dans le respect de cette dynamique, la méditation moderne privilégie les actes mentaux tels que la maîtrise et le contrôle de la pensée, des émotions, et des attitudes afin de favoriser le bien-être de la personne et la préservation de sa santé.

Cette vision est complétée par celle de Matthieu Ricard,[1] qui lui ajoute une dimension plus sensible. En effet, selon lui, «la méditation est une pratique qui permet de cultiver et de développer certaines qualités humaines fondamentales[2]». Il s'agit de nourrir ces qualités que nous possédons tous en nous-mêmes mais qui demeurent à l'état latent. La méditation invite à réactiver ces aptitudes et à les inscrire dans une vision plus humaine, dans laquelle la fibre sensible joue un rôle majeur dans le déploiement d'une humanité plus accomplie.

De façon récurrente, l'homme s'interroge sur le sens de sa propre vie. Comme le dit Matthieu Ricard, «nous ne pouvons pas choisir ce que nous sommes, mais nous pouvons

---

1. Matthieu Ricard, docteur en génétique cellulaire, moine bouddhiste tibétain et membre du *Mind and Life Institute*, association qui facilite les rencontres entre la science et le bouddhisme.
2. Ricard M., *L'Art de la méditation*, Paris, Nil, 2008, p. 17.

souhaiter nous améliorer[1] ». Cette réflexion profonde nous amène à bonifier notre propre existence et à contrôler nos émotions et nos tourments, conditions *sine qua non* d'une vie plus sereine.

La revue de la littérature scientifique sur la méditation et son impact positif sur la santé psychique et physique est foisonnante[2]. Initialement conduites dans un contexte médical, des études commencent à se développer sur des populations non cliniques ou « en bonne santé », avec déjà quelques milliers de références qui ouvrent la voie aux approches non thérapeutiques mais soignantes de la méditation.

Si les premières recherches sur la méditation ont été publiées en 1956, plus de la moitié le sont depuis 1994, principalement sous la forme d'articles de revues scientifiques. Près des deux tiers de ces études ont été conduites sur le continent nord-américain et les pratiques les plus étudiées sont la méditation transcendantale, le yoga et la pleine conscience. Cette dernière, s'étant beaucoup développée au cours des vingt dernières années, devient aujourd'hui largement majoritaire dans les études.

La question de fond qui traverse cet ouvrage est en lien direct avec le questionnement de Danis Bois : comment cultiver la chaleur humaine et en récolter les fruits pour la partager ? Selon lui, l'homme a soif de chaleur humaine, véritable socle

---

1. *Ibid.*, p. 16.
2. L'aspect scientifique sera développé plus loin.

du savoir-vivre ensemble, comme en témoigne une étudiante : « Dans mon parcours, j'ai éprouvé, par la perception du mouvement, une nature de félicité d'une infinie douceur et d'une grande simplicité qui me rend chaque jour plus humaine et me donne naturellement envie d'en faire profiter mes semblables. »

L'expérience vécue dans la méditation pleine présence révèle tout un univers de chaleur intérieure qui réchauffe le cœur et se diffuse à l'ensemble du corps, stimulant les qualités de la chaleur humaine. La pratique de la méditation pleine présence oriente vers une humanité plus incarnée, dans laquelle l'homme devient plus présent à lui-même, à autrui et au monde. Elle mobilise ce qu'il y a de plus grand dans l'homme.

Chapitre 1
La pleine présence, une plénitude à conquérir

En France, l'expression «pleine présence» est utilisée par plusieurs auteurs, dont Fabrice Midal, qui préconise de se libérer de la pleine conscience pour vivre en pleine présence : «La méditation ne consiste pas à être conscient mais à toucher un sens de présence avec l'entièreté de son être, avec son corps, avec son cœur, avec ses émotions, comme avec son esprit[1]. » Il privilégie le ressenti par rapport à la réflexion. Dans ce contexte, la pleine présence exprime une qualité d'attention à l'instant présent, libre de tout jugement, dans une expérience sensorielle globale plutôt qu'intellectuelle ou mentale. Un autre auteur, Richard Meyer[2], associe la notion de pleine présence à une approche

---

1. Midal F., *Foutez-vous la paix*, Paris, Flammarion, 2018, p. 89.
2. Meyer R., *La Pleine présence*, Paris, Guy Trédaniel éditeur, 2013.

plus intégrative réunissant douze formes de psychothérapies. Il préconise la « présence juste » pour atteindre l'état d'apaisement et de sérénité.

La méditation pleine présence proposée par Danis Bois est en filiation avec la pleine conscience sous certains aspects. Comme elle, elle s'inscrit dans une vision laïque, mobilise les ressources attentionnelles, les prises de conscience, et invite à pénétrer le moment présent. Cependant, elle apporte de réelles innovations en mettant en avant la dimension relationnelle de la présence, la perception comme primat de la conscience, et la présence du mouvement interne qui constitue sa véritable signature.

Pleine conscience ou pleine présence ?

Pour la plupart d'entre nous, les notions de pleine conscience et de pleine présence véhiculent le même sens et désignent une seule et même forme de méditation. Cette tendance se retrouve sur les sites Internet dédiés à la pratique de la méditation pleine conscience, de sorte qu'un lecteur non avisé ne peut en distinguer les nuances. La pleine conscience est présentée comme une pratique de méditation et un art de vivre qui consistent à cultiver intentionnellement une qualité de présence et d'attention à notre expérience, moment après moment.

De quelle conscience parlons-nous ?

De nombreuses expressions du langage courant utilisent le terme « conscience ». Ainsi, *être conscient* signifie connaître les risques ou les conséquences de ses actes, *avoir bonne ou mauvaise conscience* traduit le sentiment de se sentir juste ou coupable, et *juger en son âme et conscience* désigne le fait de peser le pour et le contre selon des critères moraux.

Au-delà de cet usage populaire, la notion de conscience est complexe. Elle peut être comprise comme *conscience de soi*, désignant alors la faculté d'être conscient de ses pensées, de ses actes, mais aussi du monde qui nous entoure. Elle peut être comprise aussi comme *conscience morale*, traduisant la capacité de l'homme à conduire sa vie selon certaines valeurs. Il existe également une *conscience psychologique*, caractérisée par la capacité de chacun à se représenter ses actes et ses pensées. *Devenir conscient,* c'est aussi développer son libre arbitre, savoir prendre des décisions et se situer pleinement dans sa vie.

De fait, la conscience est difficile à cerner, car elle peut prendre une coloration morale, psychologique, réflexive, et peut s'appliquer dans l'instant immédiat ou en différé.

Pourquoi la notion de plénitude est-elle associée
à celle de conscience ?

Dans une approche généraliste, la conscience est la capacité à se percevoir, à s'identifier, à penser et à se comporter de manière adaptée. En ce sens, elle englobe tous les phénomènes objectifs mais aussi subjectifs, dans la mesure où la conscience rend compte de ce qui est et de ce que nous ressentons. Entrevue ainsi, la première définition de la notion de plénitude désigne une faculté à percevoir un maximum de phénomènes objectifs et subjectifs se trouvant dans le champ de la conscience.

Lorsque la conscience est associée à l'attention et à une qualité de présence, elle est en mesure de saisir le caractère fugitif des phénomènes qui se donnent au cours de l'action. Dans ce cas, la notion de pleine conscience traduit la faculté de saisir dans l'immédiat un maximum de phénomènes.

Ensuite, la conscience réflexive prend le relais de la conscience immédiate en faisant un retour sur l'expérience, permettant d'ouvrir à de nouvelles compréhensions de la situation. Plus la conscience tire du sens de l'expérience, plus elle mérite le vocable de «pleine conscience».

Comme nous l'avons vu, les frontières de la conscience sont poreuses et peuvent prendre une coloration morale, psychologique ou réflexive dans l'instant présent, ou en différé. La pleine conscience reconnaît ces différentes colorations et permet d'agir en conscience sur elles dans l'instant, ou après mûre réflexion.

Sous-jacente à toutes ces formes de conscience se trouve la conscience de soi, qui fonde le sentiment d'existence et permet d'entretenir une présence constante et immédiate de soi à soi. Dans ce cas, plus grande est la faculté de *se* percevoir, de *se* ressentir au cœur de sa propre singularité, et plus pleine est la conscience. Nous accédons alors au sentiment de soi et au sentiment d'exister au cœur de notre intériorité.

Dans un sens plus ouvert et davantage en phase avec une vision spirituelle de la conscience, la pleine conscience définit une acuité qui permet d'accéder à une pure conscience. Celle-ci se donne lorsque la conscience est délestée de ses idées, de ses *a priori*, de ses émotions et de ses représentations.

De quelle présence parlons-nous ?

Habituellement, la notion de présence est quasiment une donnée géographique désignant le fait d'être présent dans un lieu ou dans une situation : nous faisons *acte de présence* lorsque nous assistons à un événement ou à une cérémonie. Cette vision est réductrice par rapport à l'aspect plus qualitatif de la présence que nous pouvons apporter en guise de réconfort ou de sécurité.

Entrevue sous un angle phénoménologique, la présence prend une autre connotation. Nous trouvons ainsi la *présence à soi-même*, désignant le fait d'éprouver sa propre existence, la *présence à autrui*, participant à l'altérité, et la *présence au monde*, traduisant le fait de s'impliquer dans le rapport au monde et d'y prendre part. Et enfin, plus difficile à appréhender, la *présence totale*, qui englobe une dimension plus vaste dans son lien avec la totalité.

Dans le cadre de la méditation pleine présence, ses dimensions temporelle et relationnelle sont mises en exergue.

La présence dans sa dimension temporelle

Pratiquer la méditation, c'est d'abord poser son attention sur l'instant présent. Être là, présent à l'instant, dans un lieu précis, en toute conscience. Cette donnée, universelle, se retrouve dans toutes les formes de méditations.

Pris par la frénésie de nos vies, nous ne sommes pas toujours conscients de l'importance de chaque seconde qui passe. Pénétrer le moment présent[1] est pourtant le premier pas vers une meilleure compréhension du cours de notre vie.

La méditation est un amplificateur de la saisie du temps qui passe. Nous sommes là, assis à ne rien faire en apparence, et toute notre attention est focalisée sur ce que nous sommes en train de vivre. Cette focalisation se comporte comme un microscope qui zoome sur le moindre détail qui se donne à notre conscience. C'est à ce moment précis que s'installe un contact conscient entre soi et le temps qui passe, à condition

---

1. Stern D., *Le Moment présent en psychothérapie*, Paris, Odile Jacob, 2003. Selon Stern, l'être humain est capable de percevoir des événements distincts successifs dont chacun ne dure qu'entre 20 et 150 millièmes de secondes. Ce sont des unités de base de la perception. Mais en soi, elles ne donnent pas un sens à la vie. Nous sommes bombardés par ces petites unités. Une des tâches de l'esprit consiste à donner un sens au flux presque ininterrompu de stimulations. Il faut une durée pour que ces émergences prennent sens. Cela demande de 1 à 10 secondes, avec une durée moyenne de 3 à 4 secondes pour faire des groupements signifiants des différentes stimulations perçues et pour en comprendre les unités fonctionnelles de nos comportements.

d'être vigilant comme l'est le pêcheur à la ligne qui voit son bouchon s'enfoncer vers le fond de l'eau, l'obligeant à réagir instantanément. Mais là, il s'agit de sensations, de perceptions, de sentiments, de souvenirs et de pensées qu'il faut saisir pour en prendre pleinement conscience dans l'instant présent.

Ainsi, soigner sa présence, c'est certes être présent à ce qui se déroule dans l'instant, tel le musicien qui découvre sa partition en même temps qu'il la joue, mais c'est surtout entretenir une relation de profondeur à son propre corps, qui devient du même coup le lieu d'expérience de soi.

Héraclite, un philosophe de la Grèce antique, en voyant le courant du torrent, s'était dit que jamais personne ne se baignait deux fois dans la même eau. En disant cela, il mentionnait le caractère insaisissable du temps qui s'écoule, et mettait en relief le fait que le temps passé ne se reproduit jamais. Derrière cette métaphore, Héraclite nous invite à mettre en mouvement notre pensée afin qu'elle s'adapte au courant de la vie qui passe.

Pour autant, faut-il courir de façon effrénée après ce temps si fuyant ? Non, au contraire, il faut ralentir le pas, et se poser pour mieux observer le flux qui s'écoule. C'est précisément ce que la méditation propose : prendre le temps d'observer et de se laisser infléchir par ce qui se donne à la conscience pendant ce temps de pause. C'est en quelque sorte reprendre sa vie en main et faire de la temporalité un lieu d'expérience qui véhicule le sens de notre vie.

Durant la méditation, nous baignons dans la sphère de l'immédiateté, où chaque seconde s'habille d'un flux de conscience qui devient le lieu d'une expérience intérieure. Ce moment de complicité avec le temps présent donne parfois le sentiment que l'instant devient le moment le plus précieux de notre vie.

La présence dans sa dimension relationnelle

La méditation pleine présence privilégie la dimension relationnelle de la présence. Comme nous l'avons vu, le premier acte dans la méditation est de contacter la temporalité et de devenir présent à la temporalité du moment présent. Il s'agit maintenant d'aborder la notion de présence sur la modalité relationnelle, qui instaure un rapport qualitatif à soi, à autrui et au monde. Ce rapport requiert un degré d'implication et un grand intérêt envers la vie – la sienne et celle des autres.

La notion de présence à autrui est facile à appréhender : on sait naturellement si l'on se sent proche d'une personne ou non. De la même façon, on sait reconnaître les personnes qui ont une attitude bienveillante à notre égard.

La notion de présence à soi est plus abstraite à saisir par son caractère intime et privé. Il arrive que nous soyons durs avec nous-mêmes ou que nous nous jugions, ce qui entraîne des pensées négatives et une perte d'estime de soi. Ces signes sont les premiers revers d'un manque de présence à soi. Être présent à soi, c'est manifester une attitude bienveillante envers soi.

Mais au-delà de cet aspect psychologique qui reflète une réelle problématique relationnelle avec nous-mêmes, il nous arrive de sentir un vide en nous, comme si nous étions coupés de nos sensations, de nos sentiments et de notre désir de communiquer. Dès le réveil, l'impression de n'être plus portés par notre élan habituel et de devoir faire des efforts pour nous mobiliser apparaît clairement. Nous sommes alors, sans le savoir, coupés de nous-mêmes, et perdons du même coup notre entrain.

Pour les personnes qui pratiquent la méditation quotidiennement, la notion de présence à soi est plus évidente à capter. D'emblée, elles savent si elles sont présentes à elles-mêmes ou non. L'ennui, le manque d'intérêt ou une préoccupation envahissante donnent le sentiment d'être éloignés de nous-mêmes, et sont des signes d'une certaine altération de la qualité de présence à soi.

Au contraire, certaines fois, à peine la posture adoptée et les yeux fermés, nous baignons dans des états de bien-être, d'amour, de plénitude, éveillant alors un réel sentiment de soi. C'est le signe confirmé de notre présence à nous-mêmes.

Dans la vie quotidienne, notre qualité de présence se reflète dans notre façon de nous sentir concernés par notre vie, de nous y impliquer, et par le désir de communiquer positivement avec notre entourage.

Pourquoi la notion de plénitude est-elle associée à celle de présence?

On retrouve chez Carl Rogers[1] la notion de «vie pleine[2]», entrevue comme un art de vivre porté par un processus dynamique et positif qui tend au déploiement des plus belles potentialités de l'homme. Le philosophe Louis Lavelle[3] utilise l'expression «présence totale de l'être» pour désigner son caractère universel, se manifestant sous la forme d'une joie. La pleine présence que nous revendiquons s'inscrit dans cette lignée.

---

1. Psychologue humaniste américain, initiateur de l'approche centrée sur la personne et de la non-directivité dans l'entretien verbal.
2. Rogers C., *Le Développement de la personne*, Malakoff, InterEditions, 2005.
3. Lavelle L., *La Présence totale*, Paris, Aubier, coll. «Philosophie de l'esprit», 1934, p. 254.

Quelle différence devons-nous voir entre la pleine présence et la présence prise dans son sens habituel ? Qu'est-ce qui fait que la relation devient pleine ?

La pleine présence dépasse le simple fait d'être physiquement présent en un endroit et prolonge la qualité de présence relationnelle. Il s'agit d'une présence chaleureuse et nourrissante se déployant dans une vie relationnelle digne de notre humanité. Elle entraîne dans son sillage des qualités d'écoute, de bienveillance, et une volonté bien marquée d'apprendre de la relation. Dans cette dynamique relationnelle, nous devenons des acteurs impliqués, touchés, concernés par ce que nous percevons en nous-mêmes.

La pleine présence s'applique aussi à la pensée. En développant la conscience du corps et de la pensée, nous accédons à un équilibre délicat où la pensée est ressentie et où le ressenti est pensé. William James accorde à la sensibilité du corps une importance primordiale. Selon lui, enlever la sensibilité du corps nous amputerait de toute la sensibilité de l'âme avec tous les sentiments qui s'y rattachent. Ce serait, dit-il, « traîner une existence d'esprit pur qui ne ferait que penser et connaître[1] ». Nous comprenons ainsi que la dimension sensible du corps est indissociable de la pleine présence, et c'est à travers ce métissage que se produit la jonction entre le corps et l'esprit.

---

1. James W., *Précis de psychologie*, Paris, Marcel Rivière, 1924, p. 505.

Lorsque nous sommes animés par le mouvement interne, nous explorons le cœur de la pleine présence. Dans ce contexte particulier est considérée «pleine présence» la présence qui découle de la relation au mouvement interne. Les personnes qui entrent en contact avec le mouvement témoignent qu'elles se sentent totalement présentes à elles-mêmes et ressentent, en toile de fond, un fort sentiment d'exister.

Petite leçon sur le rôle de la perception

Dans la pratique méditative habituelle, la conscience est la voie privilégiée pour explorer les états du corps et de la pensée, tandis que la perception est reléguée au second plan. Lorsqu'elle est évoquée, elle est assimilée à la conscience. Cette porosité conceptuelle donne lieu à des expressions comme «conscience perceptive[1]» ou «perception consciente[2]».

La méditation pleine présence va dans le sens de Maurice Merleau-Ponty[3], qui revendique la primauté de la perception sur la conscience. Dans ce cas, le méditant est conscient de ce qu'il perçoit. Il est facile de comprendre que pour être conscient de quelque chose, il faut l'avoir préalablement perçu ou ressenti.

---

1. Jeannerod M., *Le Cerveau intime*, Paris, Odile Jacob, 2002.
2. Changeux J.-P., *Raison et plaisir*, Paris, Odile Jacob, 2002.
3. Merleau-Ponty M., *La Phénoménologie de la perception*, Paris, Gallimard, 1945.

Admirer la beauté d'un paysage, humer le parfum d'une fleur, caresser le tronc des arbres, écouter le chant des oiseaux ou savourer un fruit délicieux n'est possible qu'à travers les cinq sens dits extéroceptifs[1]. Les sens permettent d'appréhender le monde et, selon notre sensibilité, de saisir les nuances entre écouter et entendre, entre voir et observer, entre toucher et être touché, entre goûter et savourer.

Curieusement, pour optimiser notre rapport avec le monde extérieur, nous devons porter notre attention vers notre intériorité. La nature nous a dotés de capteurs sensoriels situés dans les organes et les tissus grâce auxquels nous percevons notre monde intérieur. Grâce à ces structures, nous sommes informés de la position du corps dans l'espace, des mouvements, des tensions et du tonus tissulaires : c'est la *proprioception*.

On doit à Sherrington la découverte des éléments anatomiques et physiologiques de la proprioception. Ce chercheur lui donna le nom de « sixième sens ». Ce sens a été largement vulgarisé par Oliver Sacks[2]. Il relate l'histoire de Christina, privée de proprioception à cause d'une maladie.

---

1. Les cinq sens extéroceptifs (vision, audition, goût, odorat, toucher) permettent de capter les informations venues du monde extérieur. Certaines études montrent que le sens le plus utilisé est la vision (83 %), puis l'audition (11 %), l'odorat (3,5 %), le toucher (1,5 %) et le goût (1 %). Andrew Pruszynski J. A. et Johansson R. S., « Edge-orientation Processing in First-order Tactile Neurons », *Nature Neuroscience*, 2014.
2. Sacks O., *L'homme qui prenait sa femme pour un chapeau*, Paris, Seuil, coll. « Point Essais », 1992.

Elle devint alors incapable, lorsqu'elle avait les yeux fermés, de connaître la position de son corps et elle n'avait plus le sens d'elle-même.

En effet, c'est grâce à la proprioception que nous avons le sentiment d'habiter notre corps, de le connaître, de le situer dans l'espace, ou tout simplement d'exister avec et par lui — la « certitude de soi[1] » en quelque sorte.

De façon plus interne, le corps est doté d'autres capteurs sensoriels responsables de la perception intéroceptive[2]. Grâce à elle, nous prenons conscience de nos états intérieurs organiques influençant notre état psychique (agréable, désagréable, tendu, détendu).

Ces différents sens permettent, dans la méditation, de positionner son corps dans l'espace, de se positionner soi-même à l'intérieur de son corps et de ressentir les effets organiques venant de son intériorité. Généralement, la sensorialité n'est pas suffisamment considérée dans le rôle essentiel qu'elle joue dans la méditation. La méditation pleine présence s'appuie en priorité sur la sensorialité à travers toutes ses facettes, pour aller explorer et découvrir une perception corporelle qui change parfois le cours d'une vie...

---

1. Roll J.-P., « Le sentiment d'incarnation : arguments neurobiologiques », *Revue de médecine psychosomatique*, 35, 1993, p. 75-90.
2. Selon le dictionnaire *Larousse*, l'intéroception est le domaine de la sensibilité relatif à la perception par le système nerveux des modifications ou des signaux en provenance des viscères par le système nerveux végétatif, et des muscles, tendons et articulations par le système nerveux central.

**La perception de son intériorité,
source de réconciliation avec son corps**
Robert souffrait d'une maladie très douloureuse qui lui faisait craindre de finir sa vie dans une chaise roulante. Il percevait son corps comme immobile, inconscient et insensible, et comprenait la grande distance qu'il avait mise avec lui-même. Il souhaitait pourtant, en son for intérieur, que son corps et son esprit ne fassent qu'un, se comprennent, s'harmonisent et se ressentent mutuellement. Néanmoins, il ne ressentait rien.

Au fil de sa découverte de la méditation, il enrichit sa perception interne. Il découvrit tout un univers de perceptions qui lui était jusqu'alors inconnu. Il se sentait désormais présent *à* son corps et *dans* son corps.

Il prit alors acte de la disparition des symptômes dont il souffrait et retrouva un nouveau sens à sa vie, qu'il attribue aujourd'hui à sa rencontre avec le mouvement interne. Cette rencontre est pour lui « la plus belle chose que l'on puisse espérer dans cette vie ».

Depuis lors, la vie est devenue, pour lui, de plus en plus facile et vaut la peine d'être croquée à pleines dents, seconde après seconde.

Et la place du corps...

Que signifie «avoir un corps»? Le corps est souvent perçu comme une machine à simple visée utilitaire, un exécutant soumis à la commande de la personne. Ce rapport au corps définit en réalité une *absence* de rapport, car le «propriétaire» du corps ne fournit à son égard aucun effort perceptif et ne lui porte qu'une attention de faible niveau. La douleur est quasiment la seule sensation qu'il perçoit.

En revanche, «vivre son corps» suppose que le corps est ressenti, mais avec des perceptions réduites principalement aux états physiques : tensions, douleurs, plaisir, détente. C'est seulement lorsque nous «habitons le corps» qu'il devient lieu d'expression de soi, impliquant une perception plus élaborée. Le corps devient alors sensible, une caisse de résonance intérieure qui véhicule des informations en provenance de sa profondeur. Nous sommes alors capables de percevoir des gammes de tonalités internes positives et bienfaisantes.

On l'aura compris, nous ne sommes pas seulement en présence d'un corps «objectif», capable de grandes performances. Il s'agit d'un corps sensible, qui résonne aux expériences subjectives qui nous touchent réellement. Le corps sensible devient alors, en lui-même, un lieu d'articulation entre perception et pensée, au sens où l'expérience sensible dévoile une signification qui peut être saisie en temps réel par la conscience. Accorder une place à la sensibilité corporelle et à l'implication humaine dans le processus de connaissance ouvre à de nouvelles perspectives d'existence.

La pleine présence place la perception du corps au centre du cheminement vers soi et vers autrui, et pose cette question centrale : «Que se passe-t-il dans le corps au cours de la méditation ?» Cette plongée dans l'intériorité confirme le propos de William James, pour qui «tout champ de conscience est d'abord un état ou une disposition du corps[1]».

---

1. James W., cité par Odrej Svec, *Phénoménologie des émotions*, Presses universitaires du Septentrion, coll. «Philosophie contemporaine», 2013, p. 90.

Dans le même prolongement, depuis les années 1980 est apparu le modèle de l'*embodied cognition*[1], qui postule pour une pensée qui vient du corps. Varela[2] défend la thèse que le corps n'est pas au service de l'esprit. Dans ce cas, le corps n'est pas le subalterne d'un esprit détaché, mais fait partie intégrante de la cognition : nous pensons et ressentons les choses en fonction de ce qui se passe dans nos systèmes sensoriels et moteurs[3].

Entrevu sous l'angle de la phénoménologie, nous parlons de « corps vivant » ou de « corps propre », dépassant le simple fait d'avoir un cœur qui bat, des poumons qui respirent et des articulations qui bougent. Il s'agit là d'un corps sensible, qui participe pleinement, et à notre insu, à la vie relationnelle et à la réflexion.

Le corps est en effet le lieu de l'expérience de soi. C'est à partir de lui que nous nous éprouvons et que nous nous sentons vivants. La façon d'entrer en relation avec notre corps définit le degré de présence à soi.

---

1. « Cognition incarnée » : concept issu de la psychologie cognitive qui fait référence aux pensées (cognition), aux sentiments (émotions), et au corps (corps perçu), et basé sur nos expériences sensorielles et sur nos positions corporelles. Ce courant met en évidence la façon dont les expériences sensorimotrices influencent la manière de penser.
2. Francisco Varela, docteur en biologie à l'université de Harvard, fut directeur de recherches au CNRS et au laboratoire de neurosciences cognitives et d'imagerie cérébrale à l'hôpital de la Salpêtrière. En 1987, il cofonde le *Mind and Life Institute*, chargé de faire la relation entre la science moderne et le bouddhisme.
3. Renaldi R., « La cognition incarnée ou quand la pensée vient du corps », *Le cercle psy*, mai 2017.

LA CONSCIENCE DES NUANCES CORPORELLES, OUVERTURE À LA DOUCEUR

Aurore a vécu longtemps dans un corps instrumentalisé, à son service, et complètement dissocié de ce qu'elle considérait être. Elle prit conscience qu'elle n'avait jamais appris à être à l'écoute de son ressenti corporel. Les seules sensations que lui renvoyait son corps étaient la douleur ou le plaisir, d'autres nuances lui étaient inconcevables.

Elle découvrit son corps de façon progressive, et la description de ce qu'elle vivait prit la forme d'une expérience agréable, à travers le fait d'être touchée. Puis elle découvrit le silence. Pour elle, au début, s'asseoir vingt minutes sur une chaise sans rien faire était une entreprise surréaliste et parfaitement inutile. Mais au lieu de rencontrer le vide dans le silence, elle y fréquenta la richesse, une douceur intense. Au terme de sa découverte, elle est arrivée à un point où son corps est devenu un lieu de plaisir très simple et très doux, un lieu de découverte offrant des sujets à sa réflexion, une source d'amour et de paix.

La méditation pleine présence au croisement de plusieurs disciplines

La méditation pleine présence s'inscrit dans le courant de la spiritualité laïque. Cette forme de méditation n'est pas née de nulle part, elle a pris forme à partir d'une expérience personnelle, et s'ancre dans le courant humaniste, la phénoménologie et les neurosciences éducatives.

Le courant humaniste

Le terme « humanité » désigne à la fois l'ensemble des êtres humains dans sa dimension biologique et descriptive en rapport avec son évolution (les *Homo sapiens*), et une dimension morale relevant d'un modèle existant et normatif (*vivre contre l'humanité, manque d'humanité*). La notion d'humanité a également donné celle de solidarité.

À la marge de ces différentes acception, est né en 1960 le courant humaniste[1] sous l'influence d'Abraham Maslow, de Carl Rogers et de plusieurs autres psychologues renommés. Ces chercheurs replacent la personne au centre de la recherche appliquée à la psychologie et étudient des domaines aussi variés que la conscience, la créativité, l'interaction entre corps et esprit, la liberté et la responsabilité qui jusqu'alors ne faisaient pas l'objet de recherches.

Cette mouvance s'appuie sur l'idée que chaque humain est capable de se changer lui-même et de changer sa situation à partir des directions qu'il a choisies. Carl Rogers nomme «tendance actualisante» cette propension innée qui pousse l'individu à devenir la meilleure version de lui-même, compte tenu de ses capacités et de ses limites. Rejoignant en cela le point de vue philosophique de Spinoza, qui désigne cette puissance d'agir sous le terme de «conatus», et de Jean-Jacques Rousseau, qui postule pour une nature humaine positive. Pour ce dernier, tout ce qui provient de la nature est bon. La nature a fait l'homme heureux et bon. Dans ce contexte, le naturel désigne ce qui ne procède pas de l'intervention

---

1. *The Association for Humanistic Psychology.*

humaine, car, selon Rousseau, la nature humaine soumise aux mains de l'homme finit par s'altérer.

Le courant humaniste développe la notion de perfectibilité et met en avant la capacité de l'homme à faire mieux et à devenir meilleur au regard de sa nature réelle et de ses potentialités. Cette ouverture vers une infinité de possibles place l'homme dans un processus d'évolutivité, de changement qui tend vers la perfection et une disposition naturelle à se développer. Entrevue sous cet angle, la nature de l'homme est plastique.

La méditation pleine présence opte pour une éthique de la confiance en la nature humaine. Elle mobilise ce qu'il y a de plus grand dans l'homme au cœur de sa potentialité. L'homme est conçu pour bouger, changer et se mettre en mouvement. Cette idée émise par Carl Rogers est un principe de vie qui anime l'individu et l'univers.

Rogers utilise le terme « organismique » pour désigner ce qui est corporellement vécu et ressenti, entrevoyant ainsi une totalité psychophysique qui interagit comme un tout avec son environnement. Ce principe de vie dans la pleine présence se donne sous la forme d'un *mouvement interne,* porteur d'un processus de renouvellement qui conduit la personne vers un mieux-être et davantage de chaleur humaine.

Le courant de la phénoménologie

La phénoménologie est un courant philosophique qui étudie les phénomènes liés à la conscience, à la subjectivité et aux significations en lien avec le vécu et le ressenti corporel singulier. Elle est à la fois une philosophie de la connaissance, puisqu'elle donne accès à de nouveaux savoirs sous l'angle du vécu, et une philosophie du sens, dans la mesure où elle cherche à comprendre la signification de ce qui a été vécu.

La phénoménologie distingue le *corps propre*, qui est le seul corps concret et réellement vécu, du *corps machine*, que personne n'habite vraiment. Elle considère que l'homme peut ne pas habiter son corps, qu'il peut être en quelque sorte, un « présent-absent » à sa vie, dès lors qu'il perd le contact avec son vécu.

La phénoménologie utilise le terme « intentionnalité » pour désigner le fait que « la conscience est toujours conscience de quelque chose[1] ». Ce quelque chose peut être un objet extérieur : quand le regard se pose sur la chaise, celle-ci devient l'objet de notre perception. On retrouve le même phénomène lorsque le regard se pose sur des objets immatériels tels que le silence, la pensée, les sensations corporelles et les émotions.

La posture phénoménologique permet de devenir un observateur clairvoyant et critique de sa propre expérience, et la méditation devient alors le cadre d'expérience dans lequel le monde invisible peut apparaître à la conscience. Cette posture place la présence au cœur de la relation.

---

1. Husserl E., *Philosophie première, II*, Paris, PUF, 1971.

Le courant des neurosciences éducatives

La pratique méditative sollicite nécessairement un grand nombre d'instruments internes tels que l'intention, l'attention, la pensée, l'imagination, la mémoire, la conscience et la motivation. Le plus souvent, les personnes qui méditent recherchent d'une certaine manière à se dédouaner des fonctions cognitives pour aller vers l'absolu, l'infini ou le vide, qui sont synonymes d'accomplissement. Au-delà de la sollicitation de cette activité cognitive que l'on retrouve dans les différentes formes de méditation, la pleine présence met en jeu la stimulation des potentialités relationnelles et humaines à travers la voie du corps ressenti, vécu et éprouvé.

Chapitre 2

Processus de découverte
de la méditation pleine présence
et du mouvement interne

Danis Bois raconte...

J e suis né à La Ville-aux-Clercs, petite bourgade de 800 habitants située à la frontière du Perche et du Vendômois. C'était le 14 février 1949, vers 10 heures du matin. Ma mère Dina était arrivée en France en 1939 avec le statut de réfugiée politique espagnole. Mon père, Rémy, coiffeur du village, l'avait rencontrée dans les camps où il faisait office d'interprète. Sa maîtrise de la langue espagnole lui venait du mari de sa sœur, qui avait été un proche du roi Alphonse XIII. C'est donc par le hasard de la rencontre de ces deux êtres que mon destin se scella.

À l'école, je ne montrai pas d'aptitude particulière à apprendre. Malgré tous mes efforts, mes résultats étaient catastrophiques. Il ne fallait pas compter sur l'aide de mes parents, dont la réponse était toujours semblable : « Ne reste pas dans nos jambes, va jouer au ballon dehors. » Si bien que, si j'étais devenu une petite star du foot aux yeux de mes camarades, je restai un piètre élève, et l'un de mes enseignants s'était même payé le luxe d'écrire au crayon rouge dans mon carnet de notes : « Ne peut pas mieux faire. » Cette remarque laissa des traces indélébiles, comme si on m'avait marqué au fer rouge dans ma chair.

À l'âge de 14 ans, étant donné mes mauvais résultats scolaires, on me fit passer un test d'orientation dont le verdict s'avéra catastrophique : débile léger. Une sentence qui conforta le projet de mon père, qui souhaitait que tous ses enfants prennent sa relève et assurent la pérennité de son œuvre. Aussi, une fois mon certificat d'études en poche, je devins apprenti coiffeur, et rejoignis mon frère et mes deux sœurs dans l'entreprise familiale. Cette période fut difficile, et le souvenir de mon premier jour dans le salon est encore présent. J'avais l'amère sensation de ne pas être à ma place, je souhaitais devenir footballeur ou exercer une profession en lien avec la santé.

À 18 ans, un autre événement scella mon destin. C'était un soir d'hiver, la toiture du grand clocher était couverte de neige. Les cloches sonnaient invariablement toutes les heures, égrenant le temps avec la monotonie d'une vie sans relief. Ce soir-là, je passais un moment de complicité en compagnie de mon beau-frère Jackie, un peu plus âgé que moi. Celui-ci essayait le costume trois pièces que je venais d'acheter. Affublé de cet habit, il avait l'air d'un ministre et cela l'amusait. Puis nous nous quittâmes dans la bonne humeur.

Alors que je m'apprêtais à me glisser dans mon lit, de grands coups de poing retentirent sur les volets de ma chambre. Une voix paniquée cria : « Jackie vient de se suicider. » Torpeur, électrochoc… Comment n'avais-je pas saisi son désarroi ? Avec du recul, je sais que cet événement a été le point de départ de mon intérêt pour la vie. Jusque-là, je vivais avec une certaine insouciance, mais à partir de ce jour, je devins vraiment attentif aux autres et pris conscience du caractère précieux de la vie.

Quelques années plus tard, vers l'âge de 24 ans, je passais une bonne partie de mon temps sur les terrains de football. Lorsque je ne travaillais ou ne jouais pas, je me réfugiais dans la nature, à la recherche du silence. La Ville-aux-Clercs était entourée de grandes forêts propices à la promenade. À la sortie du village, en parcourant quelques centaines de mètres, un chemin conduisait à une clairière où se trouvait un grand étang rempli de nénuphars et de canards sauvages qui prenaient leur envol dans un délicieux vacarme dès que je m'approchais de leur territoire. C'est là que je m'asseyais le plus souvent, adossé à un arbre centenaire. Bercé par cette ambiance, il m'arrivait de fermer les yeux de longs moments – probablement que je méditais déjà sans le savoir.

C'est lors de l'un de ces moments précieux qu'une intuition fulgurante s'imposa à mon esprit: «Il est temps pour toi de réaliser ton rêve.» Ce rêve, je le côtoyais à chaque fois que je recevais des soins après les matchs de foot par les kinésithérapeutes du club. Je souhaitais exercer cette profession.

Ce n'était pas la première fois que ce rêve m'apparaissait. Mais là, cette intuition avait pris la forme d'une injonction, d'un nouvel élan. En parcourant le chemin du retour, j'avais l'impression d'avoir des bretelles accrochées au ciel et mes jambes couraient dans une surprenante apesanteur. Je me retrouvai très vite chez le pharmacien, que je connaissais bien pour être son partenaire au club de ping-pong, et lui demandai ce qu'il fallait faire pour se lancer dans des études de kinésithérapie. Étonné, celui-ci prit néanmoins le temps de me donner toutes les informations nécessaires.

Dans la foulée, je m'inscrivis dans une école qui dispensait des cours par correspondance, préparant l'examen d'entrée à l'université. Quelques jours après, je reçus un énorme colis rempli de livres. C'était le jour de la naissance de ma fille Nathalie, le 15 juillet 1973, et malgré mon peu d'accointances avec le ciel, je pris cela comme un signe de bon augure.

Je vivais à l'époque dans une petite maison proche du Loir, près de mon village natal. Toutes mes matinées et une grande partie de mes nuits étaient consacrées à la préparation de mon concours. Le petit garçon si médiocre à l'école se transforma alors en étudiant farouche. Ce fut une période intense, faite d'immersion dans les livres de philosophie, de science et de physique.

Je tentais l'impossible. En tout cas, c'était le point de vue de mon entourage, qui se demandait quelle mouche m'avait piqué. Seuls mon épouse et mon ami Lionel manifestaient une certaine confiance. Ce dernier faisait des études de lettres à l'université et pratiquait quotidiennement la méditation transcendantale. À cette époque, j'avais une opinion très mitigée sur ce sujet, et pensais que méditer était une perte de temps. C'est en tout cas ce que je répétais à Lionel qui méditait deux fois par jour durant vingt minutes. Qu'est-ce qui le motivait à ponctuer ainsi sa vie de moments de silence?

Malgré mon incompréhension, il continuait inexorablement à s'isoler en emportant avec lui un gros réveil, en guise de rituel, pour respecter les vingt minutes d'usage. Ces temps de silence qu'il s'offrait contrastaient avec l'activité que je m'imposais pour réaliser mon rêve…

Quelques mois plus tard, à la surprise générale, je réussissais mon examen d'entrée à l'université et m'inscrivais à l'école de kinésithérapie d'Assas.

Séquence de ma vie professionnelle

Je quittais pour la première fois la campagne de mon enfance et de mon adolescence pour étudier la kinésithérapie à Paris. Ce fut un changement de vie radical. Jusqu'alors, j'avais étudié en solitaire. Là, je me retrouvais dans un amphithéâtre rempli d'étudiants bien plus jeunes que moi et habitués à prendre des notes à la vitesse de l'éclair. Tout allait très vite et le débit trop rapide des professeurs rendait mes prises de notes non opérationnelles. Heureusement, cinq étudiants me prirent sous leur aile. Grâce à leur soutien permanent, je devins un étudiant impliqué et performant.

Dès la première année d'étude, je m'aperçus que la kinésithérapie ne répondait pas à mon attente. Les stages hospitaliers qui ponctuaient la formation venaient alimenter mon sentiment de déception. Je poursuivis tout de même ce cursus jusqu'à l'obtention du diplôme d'État, grâce auquel je pouvais candidater pour poursuivre un enseignement d'ostéopathie.

Au terme de mes études de kinésithérapie, mon ami Thierry, qui m'avait tant aidé, m'offrit un livre intitulé *Les Mains du miracle*[1] de Joseph Kessel, qui raconte comment Felix Kersten, médecin personnel de Himmler, sauva des vies grâce à ses mains. La lecture de cet ouvrage m'avait interpellé et troublé. Au-delà de ce que nous avions appris en kinésithérapie – à savoir masser, tracter et tirer des masses musculaires de façon mécanique –, les mains de Kersten avaient un pouvoir extraordinaire qui me fascinait. Cette histoire installa, dans mon cœur et dans ma tête, l'espoir profond de développer de telles aptitudes et d'apporter à mon tour une contribution, même modeste, à l'humanité.

---

1. Kessel J., *Les Mains du miracle*, Paris, Folio, 2013.

La découverte du mouvement interne à travers l'ostéopathie

L'ostéopathie propose un univers fascinant. En effet, elle repose sur la présence d'un mouvement interne considéré comme un principe de force que le praticien doit percevoir dans les tissus et suivre scrupuleusement. La dimension métaphysique de ce phénomène que j'appréhendais à travers les convictions portées par les grands fondateurs de l'ostéopathie fut pour moi une véritable découverte. En effet, derrière le concept cher à l'ostéopathie, «le mouvement, c'est la vie», il apparaissait qu'au-delà de la restauration de la mobilité des articulations et de ses effets sur la santé, tout ce qui vit est en mouvement, et que la vie elle-même se manifeste sous la forme de mouvement[1].

Le fondateur de l'ostéopathie, Andrew Taylor Still, offrait même une perspective plus large à ce concept, en lui associant la dimension de Dieu : «La vie est cette force calme envoyée par Dieu pour vivifier toute nature[2].» Cet esprit anima les premiers pas de l'ostéopathie et ceux des grandes figures de cette thérapie du début du XXᵉ siècle. Comme le disait Rollin E. Becker, il fallait «réveiller la connaissance de la divinité pour qu'elle guide la main du praticien[3].»

---

1. Garner Sutherland W., *Ostéopathie dans le champ crânien*, Paris, Éditions Sully, 2011. William Garner Sutherland (1873-1954) est le fondateur de l'ostéopathie crânienne.
2. Still A. T., *Autobiographie du fondateur de l'ostéopathie*, Paris, Éditions Sully, 2017. Andrew Taylor Still (1828-1917) est le fondateur de l'ostéopathie.
3. Becker R. E., *La Vie en mouvement*, Paris, Éditions Sully, 2012.

J'ai découvert successivement les deux formes d'ostéopathie. Tout d'abord, l'ostéopathie structurelle, qui consiste à réaliser des manipulations en exerçant une force extérieure sur le corps afin de rétablir la liberté articulaire, puis l'ostéopathie fonctionnelle, plus douce, qui prend en compte la présence d'une force interne susceptible de rétablir l'état de santé.

Cette dernière me séduisait davantage, car elle coïncidait avec le point de vue des fondateurs de l'ostéopathie et notamment de Sutherland, précurseur de l'ostéopathie crânienne, pour qui : «Mieux vaut mobiliser une force interne plutôt que d'utiliser une force externe, obligatoirement aveugle.» Cela devint une évidence sous mes mains : le mouvement perçu dans le corps était la manifestation de la vie, et la main devait composer avec cette force-là. Au contact de celle-ci, mon toucher devint capable de capter des manifestations internes aux tissus inaccessibles à une perception usuelle.

Cette approche de l'ostéopathie était intéressante, car elle mettait en avant le fascia[1]. Lorsque je touchais le corps de cette manière, il s'animait de tout un jeu d'impulsions subtiles et d'une multiplicité de mouvements intérieurs. Mais le mouvement que je percevais dans le corps était différent de celui décrit dans la pratique ostéopathique habituelle : il était plus lent, plus incarné et plus global. Il annonçait les prémices d'une aventure intérieure.

---

1. Le «fascia» est un mot latin signifiant «bande, bandelette». C'est un tissu recouvrant les muscles, l'ensemble des régions anatomiques, et s'étendant au tissu conjonctif interstitiel, aux aponévroses, aux membranes, aux ligaments, au périoste, aux tissus sanguin et vasculaire.

Première expérience de la méditation

C'est en cinquième année d'ostéopathie, consacrée au travail crânien, que mon intérêt pour la méditation se manifesta pour la première fois. Durant la formation, le responsable de l'enseignement crânien faisait régulièrement des démonstrations. Il demandait alors à ses étudiants de s'asseoir en cercle autour de son patient et d'adopter une attitude méditative afin d'installer une qualité de présence. C'est lors de l'une de ces démonstrations que je plongeai soudainement dans un état de conscience modifié que je n'avais jamais expérimenté et duquel j'eus quelques difficultés à sortir. C'est donc là, presque par hasard, que je fis mes premiers pas dans la pratique méditative.

À la suite de cette aventure, la méditation devint un espace d'exploration quotidien. C'est ainsi que, chaque soir, après mes consultations, je m'isolais dans ma chambre et pratiquais de façon autodidacte. Je m'allongeais sur mon lit ou m'asseyais dans un fauteuil confortable, puis fermais les yeux. Dans ce moment d'exploration intérieure, j'essayais d'observer et de comprendre l'état que je venais de vivre et ce qui se passait en moi. Après quelques mois de pratique, j'accédais à de nouvelles sensations dans mon corps, de même nature que celles que j'éprouvais sous mes mains quand je traitais les patients.

C'est ainsi que j'avançais, pas à pas, dans la conquête de mon intériorité.

Une expérience paroxystique du mouvement interne

Un soir, vers 21 heures, un rendez-vous inattendu vint bousculer le cours habituel de mes méditations. Alors que je m'apprêtais à méditer dans ma quiétude habituelle, soudainement, je ressentis un bouleversement intérieur total.

Ma conscience fut happée par une vague d'énergie qui mit en mouvement, dans une lenteur extrême, toutes les parties de mon corps. Un monde étrange m'apparaissait, me donnant un instant l'impression que je dormais, ou que je rêvais. Mais très vite, je compris que cette expérience était réelle, j'assistai à des retrouvailles avec des parties oubliées de moi-même. Une autre façon de vivre ou d'être vivant se dévoilait…

Un spectacle majestueux s'offrait à moi, dans une sérénité totale. Jusqu'alors, j'avais eu l'occasion de ressentir des émotions, des sensations, des sentiments, des manifestations énergétiques de toutes sortes, mais jamais sous la forme de cette danse intérieure qui venait me toucher au plus profond. Ma perception était tellement paroxystique qu'il m'était possible de décrire mon expérience et de suivre sa chorégraphie dans les moindres détails. Un mouvement lent, extrêmement lent, à la limite de l'immobilité, s'immisçait au creux de ma chair.

Cette nouvelle réalité persista. Ce mouvement intérieur se manifestait nuit et jour dans une douceur et une chaleur incroyables, me révélant la plus haute expression de mon humanité. Tout cela était si grand et si inconnu : que s'était-il donc passé ?

Si la réponse à cette question restait en suspens, le processus d'appropriation de cette expérience fondatrice était lancé, comme une flèche qu'aucun obstacle n'arrêterait pour atteindre sa cible. Cette conviction ancrée en moi portait une dynamique de quête existentielle. Il me fallait cheminer intérieurement par un éveil de la conscience corporelle.

Cet événement qui défiait la raison avait l'allure d'une « expérience paroxystique », terme employé par le psychologue américain Abraham Maslow[1] pour désigner des moments privilégiés où l'être humain est, de façon soudaine et inattendue, porté à la pointe de lui-même, au summum d'un ressenti extrêmement positif et parfois mystique. Tout comme les autres personnes ayant vécu ce type d'expériences, je restai discret, de crainte qu'on ne me traite de fabulateur. Comme elles, je changeai l'orientation de ma vie et me tournai vers davantage d'humanité.

La fasciathérapie, début des années 1980

L'ostéopathie fonctionnelle privilégiait un tissu dénommé « fascia ». Ce tissu noble avait fait dire à Andrew Taylor Still qu'il faudrait plus d'une vie pour en appréhender l'importance. C'était un défi que d'en savoir plus et de percer le mystère qui l'entourait.

---

1. Maslow A., *L'Accomplissement de soi,* Paris, Eyrolles, 2013.

À cette époque, je créai la fasciathérapie[1] et rédigeai plusieurs ouvrages, dont voici un passage illustrant le processus de découverte : « Le tissu s'enroule et se déroule à son gré. La main ne dirige pas le mouvement ; elle se contente d'accompagner scrupuleusement le voyage du fascia[2]. » La corporéité apparaissait alors composée d'une infinité de membranes mouvantes, glissant les unes sur les autres et engendrant à chaque instant de nouveaux agencements intimes.

Le toucher de la fasciathérapie soulageait la douleur physique mais pas seulement, il avait aussi une incidence sur la détente psychique. Il déclenchait, en effet, une réaction tonique dans le tissu, influençant la sphère somatopsychique de la personne.

Dès lors, les personnes étaient invitées à prendre conscience des sensations qu'elles vivaient à l'intérieur de leur corps pendant la séance. Puis, elles étaient amenées à décrire les impressions qu'elles éprouvaient et les liens qu'elles faisaient entre leurs ressentis corporels et leur vie quotidienne.

Le toucher psychotonique[3] appliqué sur le corps semblait effectivement avoir une incidence sur la vie psychique et

1. Bois D., *Concepts fondamentaux de fasciathérapie et de pulsologie profonde*, Paris, Maloine, 1984 ; Bois D., *La Vie entre les mains*, Paris, Guy Trédaniel éditeur, 1989 ; Bois D. et Berger E., *Une thérapie manuelle de la profondeur*, Paris, Guy Trédaniel éditeur, 1990.
2. Bois D., Josso M.-C. et Humpich M., *Sujet sensible et renouvellement du moi. Les apports de la fasciathérapie et de la somato-psychopédagogie*, Ivry-sur-Seine, Point d'Appui, 2009, p. 54.
3. Courraud C., « Toucher psychotonique et relation d'aide », mémoire, Université moderne de Lisbonne, 2007.

émotionnelle des patients. Avec l'ostéopathie, je soignais l'organisme. Avec la fasciathérapie, je touchais la personne dans une globalité physique et psychique.

À partir de 1982, la fasciathérapie fut enseignée aux kinésithérapeutes, ostéopathes et médecins qui souhaitaient améliorer leur toucher de thérapeute manuel, et qui étaient intéressés par le travail sur les fascias. J'intégrai, dès le début des formations, un temps de méditation avant les cours théoriques et pratiques, ce qui préfigurait la méditation pleine présence telle que je la propose aujourd'hui.

La gymnastique sensorielle : une méditation active

Pour toucher la profondeur du corps du patient, il était nécessaire que le praticien engage la globalité de son corps dans son geste thérapeutique.

À cet effet, il fallait créer une pédagogie adaptée – ce que je fis en 1990, à travers l'introduction d'exercices physiques visant à solliciter cette globalité. Il était proposé aux stagiaires de se concentrer sur leur corps, de poser leur attention sur leur propre mouvement interne, et de le prolonger dans un geste visible. La méditation active prenait corps.

Marianne, kinésithérapeute, rapporte ce moment particulier où le geste devient la membrure visible du mouvement interne : « C'était extraordinaire ! Cette sensation ne ressemblait à rien de connu. Le mouvement se réalisait très lentement, et je me souviens avoir plongé dans une autre réalité où l'espace et le temps prenaient une nouvelle dimension. Une heure devenait une minute et des parties de mon corps devenaient immenses, les mouvements que je réalisais semblaient ne jamais se terminer. Je suis sortie de ce cours complètement chamboulée[1]. » Depuis cette expérience, Marianne renouvela le regard qu'elle portait sur le corps, sur l'anatomie et sur sa manière de bouger. Sa pratique prit un nouvel essor.

Des expériences semblables furent partagées par la majorité des étudiants présents, dont les témoignages allaient dans le même sens : ils évoquaient le déploiement lent de leur geste, découvrant une autre façon d'entrevoir l'anatomie en la ressentant de l'intérieur. L'accès à la lenteur du geste leur permettait d'être plus conscients de leur corps et d'être plus présents à eux-mêmes.

Afin de finaliser cette nouvelle gestuelle, en 1994, je me retirai pendant deux mois à Égine, une petite île grecque située à proximité d'Athènes, chez une étudiante qui possédait une magnifique demeure dont le jardin s'étendait jusqu'à la plage. La maison était suffisamment grande pour accueillir une quinzaine de personnes en résidence. C'est ainsi, avec l'aide de nombreux collaborateurs, que furent explorés les principes organisateurs d'une gymnastique sensorielle[2] guidée par le mouvement interne.

---

1. Duprat E. et Lefloch G., *Gymnastique sensorielle. Vers une écologie du vivant*, Autoédition, 2015, p. 47.
2. Noël A., *La Gymnastique sensorielle*, Ivry-sur-Seine, Point d'Appui, 2000. Eschalier I., *La Gymnastique sensorielle pour tous*, Paris, Guy Trédaniel éditeur, 2018.

Pour un observateur non averti, cette gestuelle pourrait être confondue avec le tai-chi car, comme lui, le mouvement de la gymnastique sensorielle est lent et codifié. Mais la comparaison s'arrête là, dans la mesure où le moteur du geste, la nature de l'énergie et la chorégraphie sont différents. En somme, la gymnastique sensorielle est une sorte de yoga occidental qui permet de rencontrer la suavité de la vie.

En quête d'une parole issue du corps

Afin de permettre aux personnes de verbaliser ce qu'elles vivaient pendant les séances de toucher manuel, de gymnastique sensorielle ou de méditation qui leur étaient proposées, un nouveau défi consistant à créer un espace de parole s'imposa.

Quelle est la meilleure façon d'accompagner une personne à exprimer verbalement ce qu'elle rencontre dans son monde intérieur? Il fallait former les praticiens afin qu'ils puissent instaurer un espace de parole à la hauteur de l'écoute du dialogue interne. La pratique s'enrichit alors d'un guidage verbal nommé «directivité informative[1]», qui laissait vivre une parole authentique, ancrée, incarnée dans la chair. Une parole qui ne laissait aucun espace entre ce qui est perçu dans le corps et ce qui est mis en mots.

---

1. Bois D., «Corps sensible et transformation des représentations: proposition pour un modèle perceptivo-cognitif de la formation d'adulte», mémoire de DEA, université de Séville, 2005.

Les personnes ressentent souvent une dichotomie entre ce qu'elles éprouvent et ce qu'elles pensent, et ne savent pas à quel saint se vouer. Leur cœur leur dit de faire ceci et leur raison de faire le contraire. Situation difficile… Quand la raison et le cœur ne sont pas alignés, des troubles peuvent s'installer. D'où cette importance d'accorder le corps et l'esprit.

Un grand détour vers la spiritualité

Mon questionnement ne portait pas sur *comment* méditer, car, depuis mon expérience fondatrice, j'étais comme Obélix, tombé dans la potion magique. Quelque chose d'essentiel était advenu, et les changements qui s'étaient opérés en moi ne laissaient aucun doute sur leur réalité. Mais, aussi exceptionnelle que fut cette expérience et malgré son caractère si tangible, je restais prudent et gardais une certaine réserve.

La spiritualité me semblait une voie appropriée pour éclairer ces phénomènes qui bouleversaient ma vie.

Voyage initiatique en France

Dans les années 1970, faire du stop était à la mode. Il suffisait de lever le pouce pour se retrouver assis à l'arrière d'une voiture, en route vers des horizons inconnus. Au détour de mes voyages, je devins brancardier à Lourdes, puis séjournai dans de nombreux monastères où je m'offrais des moments de silence et de réflexion.

Je me retrouvai aussi dans le Larzac, chez Lanza del Vasto, un adepte de Gandhi resté fidèle à ses racines chrétiennes.

Ce fut ma première expérience écocitoyenne. Les membres de la communauté poussaient d'antiques charrues tirées par des chevaux, d'autres grimpaient sur les toitures nécessitant une rénovation. Bref, de nombreux professionnels maçons, couturiers, boulangers, instituteurs et autres travaillaient pour assurer le fonctionnement de ce lieu. Toutes les heures, une cloche sonnait, invitant chacun à stopper son activité pendant une minute et à se recueillir les yeux fermés dans le silence. Au-delà de cette vie spirituelle, la communauté était tournée vers une écologie reposant sur l'équilibre de l'écosystème et fonctionnait en autarcie.

Au bout de quelques jours, je décidai de repartir à l'aventure. De fil en aiguille, je me retrouvai au pied du mont Ventoux, à Bédoin, petit village du sud où il faisait bon vivre, et où se trouvait un camping particulièrement approprié pour les personnes en quête de silence et de qualité de vie. En me promenant dans les allées, à la recherche d'une place pour y poser ma tente, je remarquai un groupe de personnes qui pratiquaient le yoga de façon très concentrée. Un peu plus loin, un autre groupe s'adonnait au tai-chi avec application.

À cette période, j'avais commencé à écrire un livre sur mon expérience du mouvement intérieur sous le prisme de la spiritualité. Alors que j'écrivais, le directeur du camping, qui passait par là, s'arrêta et me demanda ce que je faisais. Mon discours l'ayant interpellé, il m'invita à animer une conférence le lendemain. Au bout d'une semaine, un groupe s'était constitué et, chaque matin, nous consacrions un temps à la méditation. Bédoin fut ainsi une étape décisive dans mon parcours, tant pour mon engagement futur pour la méditation que pour le déploiement des pratiques, car je rencontrai, durant ce séjour, mes futurs collaborateurs avec lesquels j'ai ensuite travaillé pendant vingt-cinq ans.

Rencontre avec les spiritualités indienne et tibétaine

Quelque temps après mon expérience fondatrice, un ami me confia son désir de se rendre auprès d'un sage indien appelé Babuji[1], qui venait à Munich. Intéressé, je m'y rendis avec curiosité, me retrouvant bientôt au milieu de deux cents personnes.

Cette première rencontre fut marquante. L'image que je me faisais d'un maître spirituel était celle d'un individu fort, en pleine santé, débordant de vitalité, presque immortel. Or, l'homme qui se trouvait devant nous était si frêle qu'un de ses disciples avait dû le porter dans ses bras pour le déposer dans le fauteuil situé au centre de l'estrade. Après quelques minutes d'attente, le maître, d'une voix faible, ouvrit la séance par une unique consigne : « Méditation. » Tout comme le reste de l'assistance, je fermai les yeux et m'installai dans le silence. Instant magique me renvoyant à cette impression d'apesanteur et de suspension que j'avais déjà ressentie lorsque je m'étais senti « porté par des bretelles accrochées au ciel ». Dès les premières minutes de la méditation, une douleur

---

1. Babuji, nom familier donné à Ram Chandra, fondateur de la *Ram Chandra Mission*.

persistante apparut au niveau de ma clavicule gauche. Puis, soudainement, cette douleur cessa et fut remplacée par des flashs d'images me renvoyant à des périodes et à des moments inconnus. Puis, tout se calma et mon cœur fut animé d'un mouvement qui ressemblait à celui que j'avais rencontré lors de mon expérience fondatrice. Des larmes coulaient sur mon visage.

Cette expérience me troubla. Si bien que, quelques mois plus tard, je partis en Inde pour méditer dans l'ashram de ce maître, situé au nord du pays, à sept heures de train de New Delhi. La simplicité de cet homme était évidente, et l'absence de discipline de vie autre que la pratique régulière et quotidienne de la méditation me convenait. Il n'y avait ni fioriture, ni rituel, ni obligation.

Je visitai Babuji dans son ashram à trois reprises, et j'eus la chance de pouvoir le côtoyer personnellement dans sa maison. Chaque matin en effet, le maître nous attendait assis sous le porche de sa modeste demeure située à trois kilomètres de l'ashram. Il parlait peu, et sa voix était faible. Son regard semblait scruter l'infini, si bien que j'avais l'impression qu'il ne me voyait pas. Nous étions quatre ou cinq autour de lui, les paupières se fermaient, le silence s'installait, et nous plongions dans l'immensité. En sa présence, le mouvement qui m'habitait depuis un certain temps s'amplifiait, comme si son énergie soufflait sur des cendres incandescentes qui devenaient un foyer de chaleur et de lumière réchauffant plus spéciale-ment le cœur.

Puis, nous revenions à pied en direction de l'ashram. Le plus souvent, le trajet se faisait dans le silence le plus complet, personne n'osant rompre l'harmonie ressentie pendant la méditation. Mais, parfois, l'un de nous exprimait ce qu'il avait vécu : des sensations de bien-être, de sérénité et d'amour. Pourtant, aucun ne parlait de la présence d'un mouvement dans le cœur ou dans le corps. De mon côté, je sentais une ambiguïté liée à la loyauté envers mon expérience fondatrice pendant laquelle, soudainement, mon corps entier s'était mis en mouvement et cela sans discontinuer jusqu'à aujourd'hui. Mais la simplicité de cet homme m'a poussé à continuer à méditer avec lui. Une simplicité qui lui faisait dire : « Je suis si simple que les gens me prennent pour un simplet. »

Babuji tomba malade pendant que je séjournais en Inde, et je lui rendis visite à l'hôpital de New Delhi. Sa chambre était vétuste et bruyante. Sa gorge était reliée à un tube qui le faisait respirer. Malgré cela, il régnait auprès de lui une atmosphère de calme et de sérénité. Son regard, toujours aussi transparent, semblait cette fois-ci se poser dans le mien. J'avais la confirmation que cet homme méritait mon affection. Souvent, nous ne savons pas où nous allons, mais nous savons qui nous accompagne. Pour moi, bien que Babuji ne fût jamais mon maître en raison de ma loyauté envers le mouvement, je sentais qu'auprès de lui j'étais à ma place.

Il quitta cette vie quelque temps après, en 1983. À ce moment-là, il y eut une sombre histoire de succession et l'un de ses proches disciples s'autoproclama maître de la mission.

N'ayant pas d'affinité avec le nouveau maître, je décidai de ne plus fréquenter la *Ram Chandra Mission*.

Néanmoins, je continuai à parcourir l'Inde pendant quelques années, en quête d'une rencontre qui viendrait m'expliquer la nature de l'expérience que j'avais vécue dans ma chambre, un soir de pleine lune, et qui perdurait avec la même intensité. J'avançais avec une éthique : poser un regard neuf sur ce que je découvrais, sans oublier le fruit de mes expériences.

Au tout début de mon immersion dans ce grand pays, je pensais que tous les Indiens étaient des êtres spirituels. Je fus déçu. J'avais même l'impression que le «Dieu» des Indiens que je fréquentais était davantage les roupies que la quête de l'élévation. Ceci dit, par la suite, je rencontrai des Indiens de grande valeur spirituelle. Il faut dire que ma première immersion s'était faite dans les bidonvilles, car je pensais alors qu'il fallait être pauvre pour enrichir son intériorité.

Naturellement, porté par cette idée, je choisis de séjourner à Calcutta. Dans ce lieu, la misère est partout. Le matin, des camions spéciaux se relayaient pour transporter les corps des personnes dont la vie s'était arrêtée pendant la nuit, à la belle étoile. De fait, quand le soir venait, les trottoirs étaient jonchés de personnes allongées à même le sol, recouvertes d'une couverture pour les plus nanties.

Ma venue dans cette ville était motivée par le désir de travailler avec mère Teresa. J'étais accompagné d'un ami médecin avec qui nous souhaitions offrir nos compétences et nous rendre ainsi utiles. Calcutta étant une ville tentaculaire, je suis entré dans un poste de police pour trouver mon chemin. Quand je demandai au commissaire où se trouvait le bidonville, il me répondit que tout Calcutta était un bidonville. Et lorsque je lui demandai le lieu où mère Teresa vivait, il n'en avait aucune idée. Le caractère confidentiel de son action dans cette ville contrastait avec la réputation qu'elle avait en Europe.

Après quelques démarches, je finis par trouver l'endroit où elle demeurait et la rencontrai furtivement. Je compris pourquoi le commissaire ne connaissait pas le bidonville où vivait mère Teresa, car l'espace qui accueillait les mourants s'avérait très petit. Nous sommes restés quelques semaines à tenter d'apporter du réconfort. Notre expertise de la santé ne nous était pas d'un grand secours. Les personnes étaient allongées sur des lits de camp, alignées, branchées à des perfusions dépourvues de tout médicament. Seuls les prières et les croisements des mains et des regards étaient autorisés. S'il existait de la chaleur humaine à travers l'aide et la présence apportées aux personnes en fin de vie, ce lieu était malgré tout inhumain, les mourants semblant dépouillés de toute vie et de beauté intérieure.

La misère ayant eu raison de ma croyance qu'il fallait être pauvre pour acquérir la richesse intérieure, je tournai définitivement le dos à Calcutta et décidai de rejoindre Kalou Rinpoché dans son monastère situé à Sonada, près de Darjeeling. Mon premier contact avec cet homme et le bouddhisme avait eu lieu quelques mois plus tôt en France, dans le premier temple Dhagpo Kagyu Ling fondé en 1975 en Dordogne. J'étais heureux de retrouver Kalou Rinpoché, sa sagesse m'impressionnait et la joie qui régnait autour de lui me plaisait.

Sur les conseils du lama responsable de ce centre, je décidai ensuite de partir dans le nord de l'Inde, et découvris les paysages grandioses et arides de l'Himalaya. Après de nombreuses heures à serpenter dans les montagnes à bord de vieux bus chaotiques, je rencontrai taï sitou rinpoché, second en importance après le karmapa, dans son monastère Shérab Ling. Malgré le froid qui y régnait et la vétusté de l'hébergement, je passais des moments de profonde méditation. J'aimais ce que je rencontrais dans ce coin perdu de l'Inde. J'eus même le privilège, à mon départ, de recevoir une partie des cendres du karmapa, qui venait de quitter ce monde.

Plus tard, je rencontrai brièvement le dalaï-lama à Dharamsala. Cette petite ville située en Inde du Nord contrastait avec les villes indiennes, notamment par sa propreté. Je m'installai quelques semaines tout près du temple à proximité de la demeure du dalaï-lama, et découvris en profondeur la pensée non violente du bouddhisme qui résonnait avec mes valeurs spirituelles. J'avais, en effet, une réelle affinité avec le bouddhisme tibétain, qui fit aussi partie de ma vie durant quelques années. Cependant, malgré l'énergie d'amour véhiculée par cette philosophie, je cessai finalement de fréquenter cet enseignement à cause du décorum et des rituels qui y étaient omniprésents et qui ne correspondaient pas à l'extrême simplicité que je recherchais.

La forme prenait le pas sur le fond. Une inquiétude illustrée par cette histoire que m'avait racontée un ami à propos d'un maître qui avait rasé sa barbe et ses cheveux, puis s'était vêtu du plus simple apparat. Sa métamorphose fut telle que ses disciples ne le reconnurent pas et ne portèrent aucun regard sur lui. Une fois éloignés, le maître leur courut après, un baluchon dans la main contenant les poils de sa barbe, ses cheveux, et son vêtement habituel. Il leur dit en leur montrant le baluchon : « Tenez, voici l'objet de votre dévotion. ».

J'ai ainsi, durant quelques années, fréquenté de nombreux temples et ashrams. J'adoptais, à chaque fois, un esprit de débutant pour saisir la richesse véhiculée par le maître. Chacun d'entre eux est unique. Certains ont un charisme évident, amplifié par une mise en scène ponctuée de musique et de mantras. D'autres, à l'allure insignifiante, rayonnent une énergie bienfaisante qui touche le cœur. La plupart de ceux que j'ai rencontrés dégageaient une réelle sérénité et une grande sagesse. Ce fut le cas notamment de Ma Ananda Mayi, de Swami Muktananda, d'Amma et d'autres moins illustres. Je fus, bien entendu, touché par ces atmosphères particulières.

Cependant, j'observais le comportement des disciples envers leur maître et, bien souvent, j'y voyais une dévotion qui me paraissait excessive et une pensée unique qui n'était pas suffisamment remise en question. Cette atmosphère allait, à mon sens, à l'encontre d'une vision spirituelle qui tendrait à émanciper l'homme de ses croyances et de ses attachements multiples. Il y a, aussi, de nombreuses façons d'observer un maître. J'ai le souvenir d'avoir présenté Babuji à l'une de mes amies qui n'avait vu en lui qu'un vulgaire vieillard sénile. De mon côté, je me demandais, notamment lors de ma rencontre avec Sai Baba, si l'amour qui auréolait le maître n'était pas dû à la projection d'amour que ses disciples lui portaient…

Au-delà de ces interrogations, je découvrais au fil du temps que je n'avais pas d'affinité avec les traditions. Elles étaient trop vieilles pour s'adapter à l'imprévisible et à la nouveauté que je rencontrais dans mon intériorité, et avec lesquels je devais constamment composer. Il était difficile d'être dans le présent tout en ayant un référentiel millénaire, et d'être dans le mouvement au cœur d'un système établi, voire accompli.

Force est aussi de constater que la discipline de vie stricte imposée par les maîtres pour atteindre le Graal ne me convenait pas. Il fallait adopter des comportements et une forme d'ascèse que je ne souhaitais pas m'imposer. Non pas par manque de volonté, mais par le caractère essentiel, à mes yeux, de conserver le libre choix de mes actions et de mes comportements en mon âme et conscience. Je comprenais que l'ascèse ne faisait pas bon ménage avec le mouvement.

Malgré les moments inoubliables vécus auprès de ces grands maîtres et personnalités, je n'ai pas su trouver, en termes d'expérience intérieure et de puissance, ce que j'ai vécu au contact du mouvement intérieur. Cette expérience m'avait été offerte dans une simplicité extrême, il me fallait donc recourir à l'extrême simplicité pour la développer.

Je cessai alors de côtoyer les ashrams, les temples et les monastères pour explorer davantage le mouvement qui anime la matière, rejoignant en cela la préoccupation de Sri Aurobindo. Certains passages de ses livres m'interpellaient, car ils venaient se confondre avec ma propre expérience. Pour la première fois, je lisais ce que je vivais à l'intérieur de moi-même au sujet de la conscience de la matière. Lors d'un séjour à Pondichéry, ancien comptoir français situé dans le sud de l'Inde, j'avais pour habitude de me rendre plusieurs fois par jour dans l'ashram de Sri Aurobindo et de sa compagne, Mère. J'y passai de longs moments, à méditer autour de la tombe de ces deux grandes personnalités. Leur tombeau était recouvert de fleurs aux couleurs et parfums multiples. Chaque jour, une dizaine de femmes les préparaient, dans un respect immense qui donnait à l'atmosphère du lieu un caractère sacré.

D'anciens disciples qui avaient connu cet ashram dans ses moments les plus intenses et actifs continuaient à venir s'y recueillir vingt ans après. Ils gardaient dans leur cœur cette fidélité à leur maître, et le temps n'avait pas diminué la force du souvenir. Chaque jour, ils étaient présents, avec une régularité de métronome. Certains venaient tous les matins, d'autres tous les soirs à la même heure, ritualisant ainsi leur existence spirituelle. Méditer au milieu de ces vieux disciples était un honneur. Quand je ne méditais pas, je m'installais dans la bibliothèque de l'ashram qui se trouve à proximité de la tombe pour approfondir la pensée de Sri Aurobindo et de Mère. Leurs écrits m'ont aidé à préciser et à comprendre ce que je vivais, même s'ils n'abordaient pas tous les phénomènes présents dans mon expérience.

Au terme de mes différents voyages en Inde, la question de l'existence de Dieu est toujours restée secondaire. À force d'emprunter la voie de la philosophie, j'avais fini par épouser le point de vue d'Einstein : « Il me semble que l'idée d'un dieu à forme humaine est un concept que je ne peux pas prendre au sérieux. Je ne me sens pas non plus capable d'imaginer une volonté ou un but hors de la sphère humaine[1]. »

Progressivement, et bien que j'aime toujours me rendre en Inde pour l'atmosphère qui y règne, j'ai cessé de parcourir ce pays à la recherche d'une réponse.

Goa et l'immersion dans la philosophie

À partir des années 2000, je me retirais tous les ans, durant un mois, à Goa, ancienne colonie portugaise et lieu paradisiaque de l'Inde. C'était un moment de relâche qui me libérait des contraintes universitaires et de mon statut de professeur. Je pouvais y déployer une pensée plus libre.

Quotidiennement, je rassemblais des amis, parfois des étudiants, et impulsais à ce petit cercle le goût de la philosophie : une volonté de définir, de délimiter, de démontrer, d'argumenter, de douter, de soupçonner, d'établir, de réfuter[2].

---

1. Einstein A., « Lettre à Murray W. Cross, 26 avril 1947 », dans *Einstein and religion*, Max Jammer, epub, 2011.
2. Bois D., *Le Sensible et le Mouvement. Essai philosophique*, Ivry-sur-Seine, Point d'Appui, 2001. p. 21.

Je laissais libre cours à ma créativité, un espace d'où «surgit l'éclair qui brise l'espace limité dans lequel l'esprit s'était confortablement installé[1]».

Goa était un endroit propice pour écrire. Ces périodes de recul furent l'occasion de rédiger plusieurs essais philosophiques qui reprenaient la thématique des échanges que nous avions dans ce cercle. Ainsi, successivement, parurent *Le Sensible et le Mouvement*[2], *Un effort pour être heureux*[3], et un autre essai non publié s'intitulant *La Force de croissance de l'être : une pédagogie du Sensible*.

Chaque matin, j'animais des temps de méditation. Pendant la rédaction de l'essai *Le Sensible et le Mouvement*, les méditations étaient consacrées à la prospection des phénomènes immédiats qui apparaissent dans le champ de la conscience. Les participants entrevoyaient l'immédiat dans sa dimension temporelle : qu'est-ce qui se donne à la conscience dans le moment présent ? Mais aussi, et cela était important, ils apprenaient à côtoyer l'immédiat à travers un autre prisme de compréhension : est immédiat ce qui se donne à la conscience sans la médiation de la réflexion.

Dans l'ouvrage *Un effort pour être heureux*, l'enjeu était autre puisqu'il s'agissait de partir à la conquête du bonheur. Un état auquel tout le monde aspire mais qui est fragile, et pour

---

1. *Ibid.,* p. 23.

2. *Ibid.*

3. Bois D., *Un effort pour être heureux, op. cit.*

le moins inconstant. Lors de nos explorations, les participants étaient invités à se maintenir dans le lieu du bonheur qu'ils captaient à l'intérieur d'eux-mêmes durant les méditations.

Les rencontres étaient informelles, elles pouvaient avoir lieu pendant les repas souvent pris en commun, à l'occasion d'une promenade au bord de la plage, ou juste après la méditation du matin. Lors de ces moments s'engageait une réflexion collective et participative profonde autour de la créativité, avec en sous-teinte des questions telles que : Comment devenir neuf à chaque instant ? Comment développer la persévérance ? Comment cultiver l'acuité d'une conscience vive pour saisir chaque instant disponible et apprendre de chaque opportunité ?

Le dernier essai, *La Force de croissance de l'être*, prit forme lors de deux voyages en Inde en 2006 et 2007. Le thème qui se dégageait à ce moment-là concernait la qualité de présence à soi et au monde.

La cabane au Canada

Je me rendais régulièrement à une centaine de kilomètres de Montréal, à Magog, petite ville entourée de montagnes et située au bord d'un magnifique lac faisant la jonction entre le Québec et les États-Unis. Tous les ans, j'étais accueilli par Donald, ancien prêtre, et Maria, ancienne religieuse, qui avaient rompu leurs vœux pour s'unir. Malgré cette rupture, Donald et Maria n'avaient pas renoncé à leur foi. Ils cherchaient encore et toujours des réponses à leur quête spirituelle, et me sollicitaient autour de cette question qui leur était essentielle.

Mes amis avaient mis à ma disposition une petite cabane située dans leur propriété, me permettant de m'isoler de longs moments pour m'adonner à la méditation et à l'écriture. Contrairement à l'idée que je m'en faisais, le Canada n'est pas toujours sous la neige, et plusieurs mois dans l'année, il y fait même très beau. C'est durant cette période que j'y allais.

Les séjours au Québec contrastaient avec l'atmosphère de l'Inde. Au Canada, tout est plus grand, les arbres sont plus hauts, et même le croassement des corbeaux qui est, de tous les chants d'oiseaux, celui que je préfère, est différent. Mais d'ici ou d'ailleurs, quand un corbeau fait irruption dans ma méditation, mon imagination me rappelle toujours des souvenirs nourrissants qui déclenchent en moi une émotion particulièrement savoureuse.

Mais revenons à Magog… En 1999, un matin au petit déjeuner, Maria m'offrit un chant spirituel[1] dont voici un extrait illustrant sa tonalité :

> *« Dansez où que vous soyez*
> *Car, dit-il, je suis le seigneur de la danse*
> *Je mènerai votre danse à tous*
> *Où que vous soyez, dit-il,*
> *Je mènerai votre danse à tous… »*

---

1. *Oxford Book of Carols*, traduction du texte n° 557, « La vie spirituelle ».

Résider chez Maria et Donald, c'était s'exposer à des sollicitations permanentes à propos de Dieu. Inspiré par ce chant irlandais, je décidai d'en faire un conte, *Le Seigneur de la danse*[1], seul ouvrage dans lequel j'aborde la spiritualité dans une approche destinée au grand public.

Il raconte le chemin initiatique d'un homme désespéré, qui souhaite mettre un terme à sa vie. À l'aube de sa dernière nuit, il fait un vœu ultime : « Me glisser dans la plume de la connaissance afin qu'elle réinvente ma vie. » Nous pénétrons, alors, dans une nuit folle et initiatique où l'homme dialogue avec son maître intérieur, qui lui apprend à méditer et à danser à l'intérieur de lui-même. Le conte se termine par cette phrase : « Qu'un seul parmi vous danse et tous danseront. »

Les rencontres de Chamblay

Jusqu'alors, les stages de formation étaient dédiés aux professionnels de la santé. Mais, au regard de l'intérêt grandissant pour le développement personnel, et face à la demande d'un grand nombre de personnes, fut organisé à Chamblay un premier stage ouvert au grand public.

C'est ainsi qu'en juillet 1992, cent cinquante personnes se retrouvèrent pendant vingt et un jours dans un imposant château du Jura.

Cette première rencontre avait pour thématique : « Oser sa liberté. » L'expression artistique avait été choisie pour

---

1. Bois D., *Le Seigneur de la danse*, Paris, Guy Trédaniel éditeur, 1995.

exprimer cette liberté. Pour la circonstance, une cinquantaine d'instruments de musique (tambours, flûtes, tam-tams, et tout autre instrument susceptible d'émettre une vibration sonore) étaient placés devant l'estrade. Celles et ceux qui le souhaitaient pouvaient se mettre à jouer, entraînant le plus souvent un élan collectif. Cela ressemblait à une cacophonie. Mais peu importait, l'essentiel était d'oser s'exprimer.

Se trouvaient également disposés, sur un tissu en soie rouge, des masques de la *commedia dell'arte* ainsi que des nez rouges de clown que chacun pouvait emprunter au gré de sa volonté. Tout le groupe soutenait les comédiens en herbe qui s'exposaient au regard des autres.

À d'autres moments, les participants étaient invités à réaliser une danse en laissant libre cours à l'expression de leur corps. Nous devions respecter une seule consigne : bouger lentement, avec fluidité, et de manière spontanée en fonction de l'impulsion interne.

Mais le clou de la journée était la méditation du matin. Chacun s'asseyait confortablement sur une chaise, et suivait les consignes à partir desquelles nous développions l'écoute, la présence, l'observation, l'exploration et la réflexion. Parfois, le choix portait sur une introspection silencieuse qui invitait à vivre la méditation de façon plus personnalisée.

Depuis ce premier Chamblay mémorable, il y a vingt-six ans, ce rendez-vous se perpétue tous les ans.

Il y eut par la suite des universités d'été ouvertes au grand public à travers le monde. Notamment, suite à la publication du livre *The Wild Region of Lived Experience*[1], le centre Omega Institute situé à proximité de New York, aux États-Unis, m'invita plusieurs années.

La période universitaire

L'Université moderne de Lisbonne

Lorsque je suis arrivé à Lisbonne, je fus d'emblée séduit par cette ville à la lumière si particulière. L'Université moderne, à dimension humaine et très accueillante, était située à quelques pas de la tour de Belém. Je n'étais pas arrivé là par hasard, le recteur connaissait mes travaux et souhaitait les inclure dans ses programmes.

La démarche spirituelle, qui jusque-là avait orienté mon existence, n'avait pas sa place dans ce monde universitaire. En acceptant de participer à l'un de ces programmes, je renonçais à une partie de ma vie, probablement la plus essentielle – même si le monde de la spiritualité, dont l'objet est en

---

1. *The Wild Region of Lived Experience*, traduction américaine de mon ouvrage *Le Moi renouvelé*, pose les bases théoriques et pratiques de la somato-psychopédagogie. Elles s'inscrivent dans le *continuum* de la thérapie centrée sur la personne et s'adressent sans compromis à l'unité corps/psychisme, rompant avec l'antagonisme millénaire corps/esprit. Trop souvent, cette unité est perdue dans la conscience de la personne. Et dans ce dialogue entre le corps et le psychisme, c'est le corps de la personne qui est le parent pauvre, négligé, délaissé ou sursollicité.

relation avec l'immensité, l'infini et l'éternité, m'avait un peu déçu par certains aspects étriqués.

Ce sentiment s'était forgé au détour de mes voyages en Inde et de la fréquentation de diverses communautés spirituelles. Je rêvais d'un monde ouvert, inédit, neuf, et je rencontrais un monde accompli une bonne fois pour toutes. J'avais fini par admettre que j'étais un électron libre dans le monde de la spiritualité, un insoumis qui refuse les règles, les dogmes, et les diverses contraintes qui conduisent au Graal.

À la spiritualité, je préférai la philosophie, qui semblait plus prometteuse au niveau de son essence, tout en distinguant la philosophie intellectuelle et la philosophie de terrain, intégrée dans le quotidien. De même, au niveau de la spiritualité, certains en parlent et d'autres la vivent de l'intérieur, les tenants de ces deux tendances ne se comprenant bien souvent pas.

Je décidai donc de surseoir un temps ma quête spirituelle pour me confronter à la rigueur scientifique et à l'exigence universitaire, pensant y trouver plus d'ouverture et d'innovation. Cet espoir fut anéanti dès le premier rendez-vous, le discours s'étant focalisé sur mon manque de diplômes académiques. Le diplôme d'état de kinésithérapie et le diplôme d'ostéopathie figurent dans le bas de l'échelle des diplômes universitaires, et sont avant tout des certifications professionnelles. J'avais bien trouvé le temps, entre mes différents voyages et mon activité professionnelle de formateur, d'obtenir un diplôme universitaire de psychologie cognitive du développement du nourrisson à l'université Paris Descartes, mais celui-ci avait une valeur négligeable pour espérer enseigner à l'université. En fait, je découvrais que dans l'université, le Graal était le doctorat.

Il me fallut donc, à 50 ans, reprendre des études et entreprendre une maîtrise en psychopédagogie curative au sein de l'Université moderne. Suite à ce cursus, je passai un DEA qui m'ouvrit les portes du doctorat en sciences de l'éducation de l'université de Séville, en Espagne. Ma directrice de thèse, une Espagnole dans l'âme passionnée des récits de vie, estimait que mon inscription dans son université fermait la boucle de mon existence. Elle était sensible au parcours de réfugiée politique de ma mère. En passant un doctorat espagnol, j'avais le sentiment de réparer l'injustice que ma mère avait subie. Je revenais à des racines dont je n'avais pas pris la mesure.

Je souhaitais que ma recherche doctorale prolonge les pratiques ayant émergé de mon parcours professionnel, et notamment à propos du corps et de l'esprit. Tout naturellement, le thème choisi fut: «Le corps sensible et la transformation des représentations de l'adulte[1]». Pour la circonstance, nous avons créé une postgraduation en somato-psychopédagogie, qui eut un franc succès avec la fréquentation d'élèves de huit nationalités différentes. Vingt-huit étudiants participèrent à cette recherche, en tenant un journal de bord ciblé sur leur processus de transformation. Rassemblés en huit cents pages

---

1. Bois D., «Le corps sensible et la transformation des représentations de l'adulte», thèse de doctorat, université de Séville, 2007.

de témoignages, ces journaux donnèrent lieu à un matériau de recherche conséquent.

À travers cette thèse, le rôle du mouvement interne est apparu dans le processus de changement des représentations, bien que je le présentais comme une étrangeté perceptive. J'ai pu mettre en évidence que, pour vingt-sept personnes, la rencontre avec le mouvement interne s'avérait le starter des changements des représentations mentales.

Une fois mon doctorat obtenu, je possédais le Graal qui m'ouvrait les portes de l'académie scientifique. Je devins professeur et nous créâmes, avec mes collaborateurs, un master en psychopédagogie perceptive. L'université de Lisbonne fit office de véritable laboratoire ciblé sur l'étude du lien conscient que la personne instaure entre son corps et son psychisme. Nos études montraient que, plus la qualité de présence était bonne, plus le lien entre le corps et l'esprit était optimisé.

Changement de cap : de Lisbonne à Porto

Le master en psychopédagogie perceptive, ayant acquis ses lettres de noblesse à Lisbonne, fut ensuite transféré à l'université Fernando-Pessoa (UFP) de Porto. Cette université est située dans un campus magnifique, au centre duquel se trouve un palais comme on en observe souvent à Porto. De couleur ocre, cet édifice est entouré de bâtiments à l'architecture moderne, mais qui s'harmonisent avec l'histoire de ce lieu. Dans l'enceinte d'arrivée entourée de grands palmiers et de fleurs exotiques trône la statue du grand poète portugais Fernando Pessoa, à qui cette université doit son nom.

L'entrevue avec le recteur fut immédiatement positive. J'apprenais, lors de cette première rencontre, qu'il fallait que j'obtienne une agrégation de l'enseignement supérieur pour consolider mon parcours académique. Durant un an, je menai ainsi de front la coordination du master en psychopédagogie et la rédaction de travaux qui m'ouvraient les portes de l'agrégation. L'objectif était d'obtenir l'habilitation à accompagner des recherches, et le titre de *professor catedrático*[1]. Une fois l'agrégation obtenue, le recteur me confia la coordination du doctorat en psychopédagogie perceptive dans le département des sciences sociales, et me confirma à la direction du CERAP[2].

Lors de ces cursus, un temps de méditation initiait la journée. Cette pratique introspective avait un effet très positif sur l'ambiance générale. Elle installait une forme d'émulation intellectuelle et une qualité de relation entre les étudiants,

---

1. Titulaire d'une chaire, titre le plus élevé dans la hiérarchie des professeurs au Portugal.
2. CERAP : Centre d'étude et de recherche appliquée en psychopédagogie perceptive. Laboratoire de recherche autonome de l'Université Fernando-Pessoa (Porto). Il fait partie des cinq centres de recherche du département d'appui à la recherche de l'université, le GADI (Gabinete de Apoio ao Desenvolvimento da Investigação). Homologué le 13 mars 2013 par le recteur de l'UFP, le CERAP soutient des formations universitaires et académiques de l'UFP et développe des programmes de recherche sur la psychopédagogie de la perception.

transformant l'atmosphère qui régnait au sein du groupe. La capacité d'écoute des étudiants, la qualité de la présence collective, et l'acuité intellectuelle étaient palpables. Grâce à ce temps de recueillement, le contenu du cours était mieux intégré, la curiosité et l'intérêt pour l'enseignement amplifiés, et les étudiants plus performants.

À cette époque, la méditation était encore taboue dans le milieu universitaire, et ces étudiants avaient l'impression d'être des pionniers. Pour éviter l'incompréhension de mes confrères psychiatres, psychologues et psychopédagogues, nous n'utilisions pas le terme de «méditation» pour définir ces temps de pause et de réflexion. Il était remplacé par celui d'«introspection sensorielle», plus en phase avec le contexte des sciences humaines et sociales. Ce terme, qui créa un consensus parmi les professeurs de cette université, s'inscrivait logiquement dans le courant des neurosciences éducatives dont le laboratoire de tutelle faisait partie. Ce n'est que plus tard que les termes «méditation pleine présence» apparurent.

L'université de Rimouski au Québec

Un groupe d'universitaires de Rimouski s'est formé aux théories et pratiques du Sensible, dans le champ de la recherche universitaire en sciences de l'éducation et en sciences sociales et humaines au Québec, que nous avions investi avec certains collaborateurs.

Sous la houlette de Jeanne-Marie Rugira[1] et de son équipe rapprochée, des séminaires et symposiums furent organisés, qui donnèrent lieu à des publications collectives[2]. Les étudiants et les professeurs venaient enrichir leurs ressources attentionnelles et perceptives par le biais du toucher de la fasciathérapie (utilisée ici à visée d'accompagnement éducatif), du travail gestuel intériorisé et de la méditation.

Une des professeurs écrivait à l'époque : «Je rencontre l'expérience d'une relation intime avec le Sensible, avec l'intelligence et le mouvement de la vie qui me porte et que je porte. Je développe une plus grande proximité à moi-même, à mes potentialités humaines inconditionnées, je découvre des parts de moi inconnues, insoupçonnées, inconcevables[3]. » Une autre participante, Florence, nous invite à entrer dans son expérience vécue : «À la fin de l'introspection, je me sens touchée par ces parties qui me constituent, que je sens présentes, chaudes, denses et douces à la fois, dans un lieu de

---

1. Jeanne-Marie Rugira est professeure de psychosociologie à l'université de Rimouski.

2. Symposium 1 : *Identité, altérité, réciprocité. Articulation au cœur des actions d'accompagnement et de formation*, sous la direction de Bois D., Gauthier J.-P., Humpich M. et Rugira J.-M., Rimouski, Ibuntu, 2013. Symposium 2 : *Identité, altérité, réciprocité. Pour une approche sensible de la formation, du soin et de l'accompagnement*, sous la direction de Austry D., Berger È., Grenier K. et Léger D., Ivry-sur-Seine, Point d'Appui, coll. «Forum», 2015.

3. Léger D., «De l'empêchement à la promesse», dans *Identité, Altérité et réciprocité. Articulation au cœur des actions d'accompagnement et de formation*, *op. cit.*, p. 62.

tranquillité intérieure qui n'est ni le silence ni l'agitation de ma volonté, mais celui d'une simple présence à moi[1]. »

La description de la rencontre avec cette profondeur de soi, initiatrice de transformation, et sa modélisation s'est traduite par la « spirale processuelle de la relation au Sensible[2] ».

Aujourd'hui encore, cette collaboration universitaire continue à porter ses fruits et se prolonge dans les pratiques d'accompagnement à Rimouski.

Quelques repères scientifiques sur la méditation et mise au jour du mouvement interne

La pensée dominante dans les sciences est axée sur le quantitatif et les approches expérimentales. Dès le début de ma carrière universitaire, je me suis positionné en faveur des recherches qualitatives[3], plus appropriées pour étudier l'expérience de l'intériorité corporelle vécue par les personnes et dont aucune imagerie, aussi sophistiquée soit-elle, ne peut rendre compte.

---

1. Humpich M., 2013, « La réciprocité au cœur du sensible. Vers de nouveaux visages du devenir en relation », dans *Identité, altérité, réciprocité. Articulation au cœur des actions d'accompagnement et de formation*, *op. cit.*, p. 120-121.

2. Bois D., « Le corps sensible et la transformation des représentations de l'adulte », thèse de doctorat, *op. cit.*

3. Cette science, venant de Dilthey et Weber à la fin du siècle dernier, s'intéresse à la subjectivité, c'est-à-dire à la façon dont un individu vit une expérience.

Pour accéder au vécu des personnes, la démarche qualitative utilise des questionnaires, des vidéos, des interviews ou des journaux de bord dans lesquels l'expérience peut être consignée.

Afin de comprendre ce qu'éprouvent les personnes qui sont au contact du mouvement interne, les chercheurs se sont appuyés sur un guide de recherche constitué de quatre questions formulées de façon simple et compréhensible pour les personnes interrogées :

- À quoi reconnaissez-vous le mouvement interne ?
- Qu'aimez-vous dans le rapport au mouvement interne ?
- Quels effets génère-t-il en vous ?
- À quoi peut-il vous servir dans votre vie quotidienne ?

Des témoignages divers furent recueillis, chacun vivant la relation au mouvement interne d'une manière spécifique. Le mouvement est décrit comme une animation lente, imprévisible, à la fois en dedans et en dehors d'eux. À son contact, certains éprouvent le sentiment de rentrer chez eux, d'accéder à un lieu de sécurité, de beauté et de bonheur, et d'autres, une totale confiance, un pur bonheur de vivre le présent.

Au-delà des études qualitatives, j'effectuais aussi des recherches quantitatives. C'est le cas de la dernière étude[1] réalisée dans le cadre du CERAP et publiée dans une revue internationale

---

1. « L'introspection sensorielle et son influence possible sur l'anxiété », étude réflexive et pilote. Lieutaud A. et Bois D., « Sensorial introspection and its possible influence on anxiety – towards the study of its modality of action », *EC Psychology and psychiatry*, 7.0 : 637-654, 2019.

de psychologie et de psychiatrie. Cette enquête exploratoire a mis en évidence l'efficacité de la prise en compte du corps, de la perception et de la pleine présence pour les personnes souffrant d'anxiété[1].

Souvent, les résultats positifs sur l'anxiété relevés dans les recherches sur la méditation sont attribués au seul contrôle mental, mettant de côté le rôle de la sollicitation sensorielle dans l'amélioration de ce trouble. La perception est souvent réduite au fait de regarder, d'écouter, de toucher. Or, c'est grâce à elle que nous pouvons prendre conscience des états de bien-être et d'inconfort. Elle participe à «la neurobiologie du soi[2]», à partir de laquelle nous avons à la fois le sens constant d'être nous-mêmes et la capacité de nous ressentir.

La méditation, indépendamment de la forme qu'elle prend, porte en elle un principe actif. De nombreuses recherches montrent cette puissance cachée, à travers des études menées sur le cerveau selon le modèle expérimental qui, cette fois-ci, ne prend pas en compte le vécu et la subjectivité de la personne.

L'imagerie cérébrale a montré une modification des connexions et de la structure du cerveau pendant la méditation.

---

1. Pour en savoir plus, voir dans le glossaire: «Recherche quantitative sur l'anxiété menée dans le cadre du CERAP», page 181.
2. Damasio A., *Le Sentiment même de soi. Corps, émotion, conscience*, Paris, Odile Jacob, 1997.

Cette transformation[1] s'avère durable après huit semaines de pratique, à raison de vingt minutes de méditation par jour. Plusieurs aires du cerveau liées à la bienveillance, au sentiment d'affiliation avec autrui et à l'empathie sont concernées[2].

Ces études ont permis de mieux comprendre les capacités plastiques[3] du cerveau. De nombreuses recherches ont été publiées sur les effets cliniques de la méditation pleine conscience, montrant une réduction de près de 30 à 40 % des rechutes de la dépression, une action sur le système hormonal – et notamment sur la production d'endorphines et la diminution de production de cortisol –, sur la régulation de la sensibilité à la douleur, sur l'augmentation des performances cognitives et, enfin, sur l'équilibre de l'activité sensorielle. Le fait est là, il se passe quelque chose au niveau de la structure du cerveau, de sa plasticité et de ses connexions. La méditation

---

1. Certaines zones du cerveau commencent à changer durablement, notamment l'amygdale (jouant un rôle dans l'agressivité et dans la peur), qui diminue en densité. Les zones reliées à l'empathie comme l'insula sont activées et augmentent structurellement avec davantage de connexions neuronales.
2. À travers l'activation de l'insula et du cortex cingulaire, qui augmente les émotions positives. Dans le même registre, on note une action sur l'amygdale dans le sens d'une désactivation de l'activité. Et enfin, l'augmentation du tonus vagal permet de garder le calme en toute circonstance.
3. Les capacités plastiques du cerveau correspondent à sa faculté de créer, défaire ou réorganiser de nouveaux réseaux de neurones, à se modifier en fonction des stimulations. Cette plasticité cérébrale est présente tout au long de la vie.

stimule aussi la biologie du bonheur (sécrétion d'endorphines, de noradrénaline, d'ocytocine…).

Toutefois, il convient de mettre un bémol à tous ces résultats scientifiques, car le même genre de résultats est obtenu lors de tâches autres que la méditation. La lecture d'un roman, par exemple, modifie durablement les connexions neuronales (université d'Emory, États-Unis), de même que se promener dans la forêt réduit la pression artérielle et le taux de cortisol, active la mémoire, augmente les défenses immunitaires, et améliore l'humeur en diminuant le stress. Un autre exemple nous est donné par le câlin, qui abaisse la tension artérielle, augmente le niveau de sérotonine dans le corps et équilibre le système nerveux (université d'Indiana, États-Unis). Et enfin, à titre d'exemple, il est démontré que la mobilisation attentionnelle sollicitée dans la pratique du tricot a des bienfaits similaires à ceux de la méditation[1].

Nous trouvons plusieurs centaines de recherches sur la méditation transcendantale et environ 1 200 études scientifiques ont été publiées sur la méditation pleine conscience. Il est néanmoins reproché à ces études de déployer des interprétations peu pertinentes et ne répondant pas aux critères de scientificité entrevus sous l'angle des sciences dures auxquelles elles

---

1. D'après une étude menée en 2013 par la physiothérapeute britannique Betsan Corkhill et publiée dans le *Journal of Occupational Therapy*, le tricot a le pouvoir d'insuffler un peu de bonheur dans notre vie. Carrie Barron, professeure en psychiatrie à l'université de Columbia, ajoute que le tricot a des bienfaits similaires à la méditation.

se réfèrent. Un certain nombre de méta-analyses[1] viennent moduler ces résultats, parfois les contester. Pour autant, les bienfaits de la méditation ne sont pas remis en question, et, le plus souvent, seul le mode d'évaluation est contesté.

En fait, si le bien-fondé de la méditation est assumé par une grande partie de la communauté scientifique, la problématique qui demeure, de mon point de vue, se situe au niveau du principe actif de la méditation : qu'est-ce qui est efficace dans le fait de méditer ? Est-ce le contact avec le silence qui favorise la régénération des cellules de l'hippocampe[2], réduit le stress et les risques cardiovasculaires, favorise la créativité et la redécouverte de soi ? Ou bien est-ce la mobilisation attentionnelle, dont on sait qu'elle réduit le stress lorsqu'elle détourne la pensée de sa source perturbatrice ? Ou encore,

---

1. Van Dam N., «Mindfulness and Meditation Need More Rigorous Study, Less Hype», *Perspectives on Psychological Science, Journal of the Association for Psychological Science*, 2017.
   Hopkins J., «Meditation for Anxiety and Depression?», *Journal of American medical association*, 2014.
   Nicolas T., Van Dam N., *et al.*, «Perspective on psychological science. Mind the Hype: A critical evaluation and prescriptive agenda for research on mindfulness and meditation», Perspect Psychol Sci., janvier 2018, 13(1):36-61, doi: 10.1177/1745691617709589, epub 10 octobre 2017.
2. Kirste I., Nicola Z., Kronenberg G., Walker T. L., Liu R. C. et Kempermann G., «Is silence golden? Effects of auditory stimuli and their absence on adult hippocampal neurogenesis», *Brain Struct Funct.*, 2015, 220(2): 1221-1228. Publié en ligne le 1er décembre 2013, doi: 10.1007/s00429-013-0679-3 PMCID: PMC4087081.

est-ce la pensée positive, réputée favoriser l'accès au bonheur[1] ou modifier l'humeur et le bien-être global[2]? Ou enfin, est-ce la musique, accompagnant souvent la pratique méditative, qui améliore la pression artérielle, calme la douleur, augmente la plasticité du cerveau et active la production de dopamine[3]?

En résumé

Personnellement, au lieu de m'interroger sur ce qu'il se produisait dans le cerveau, j'ai préféré m'intéresser, dans le cadre du CERAP, à cette question: «Qu'est-ce que les personnes vivent durant leur méditation?» Seule une démarche qualitative peut répondre à cette question. Mis à part le subjectivisme, dont il faut se méfier dans la mesure où il déforme parfois grossièrement la réalité, l'étude de la subjectivité reste le moyen le plus approprié pour analyser les impacts de la méditation. La phénoménologie est la méthode la plus efficace pour accéder à cet intime que les personnes vivent dans la méditation et dont elles n'ont pas forcément conscience.

---

1. Watkins Ph. C., Woodward K., Stone T. et Kolts R. L., «Gratitude and happyness: development of a measure of gratitude and relationships with subjective well-being», dans *Social behavior and personality*, 2003, 31(5), 431-452, Eastern Washington University, Cheney.
2. Proyer R., Wolf A., «Humor and Well-Being», dans *Reference Module in Neuroscience and Biobehavioral Psychology*, 2017, doi: 10.1016/B978-0-12-809324-5.05590-5.
3. Den'etsu Sutoo et Kayo Akiyama, «Music improves dopaminergic neurotransmission: demonstration based on the effect of music on blood pressure regulation», *Brain Research*, 2004, 1016, 255-262, Elsevier (www.elsevier.com/locate/brainres).

Les approches scientifiques qualitatives permettent de mieux appréhender le processus mis à l'œuvre dans la méditation. Pour illustrer ce propos, le mouvement interne qui se donne à vivre dans la méditation pleine présence n'a jamais été objectivé à travers l'imagerie. Cependant, les personnes qui s'y sont immergées témoignent de la présence dans leur corps d'une animation interne, lente, et globale. À quelques détails près, on retrouve dans chaque témoignage une description commune au niveau de la forme mouvante qu'il prend, et des effets générés dans le corps et dans le psychisme.

La méditation pleine présence utilise, en priorité, le support du silence, et plus précisément le rapport de présence au silence, la mobilisation attentionnelle majorée par une qualité de présence, la pensée positive élaborée depuis le lieu de la profondeur incarnée et, enfin, le mouvement interne, principe actif de la méditation.

Du « plus grand de l'homme » au « plus grand que l'homme »

Nous arrivons au terme de mon itinéraire personnel, spirituel et scientifique. Il me semble important d'aborder plus spécifiquement ce qui m'anime aujourd'hui. Plusieurs générations d'étudiants m'ont entendu faire la distinction entre le « plus grand de l'homme » et le « plus grand que l'homme ». Je pensais en effet — et je le pense toujours — qu'il était nécessaire de faire un travail sur soi avant de pouvoir réellement aborder en toute conscience des questionnements métaphysiques tels que «Y a-t-il une vie après la mort?» ou «Dieu existe-t-il?».

À ces questions, je n'ai toujours pas de réponse définitive, je préfère celle qui peut être vérifiée de son vivant: «Y a-t-il une vie avant la mort?» Et ma réponse est oui. Mais de quelle vie parlons-nous? La vie dont il est question dépasse ici le simple fait de vivre des émotions, de penser, et d'agir.

Deux maximes ont accompagné mon existence: «Le mouvement, c'est la vie», et «La vie, c'est le mouvement». Je les ai étudiées sous leurs formes visible et invisible, objective et subjective. Et encore aujourd'hui reste cette interrogation qui me taraude: «Le mouvement invisible, qui se donne à la conscience au cœur de la pleine présence, est-il une propriété de l'humain, ou une manifestation du "plus grand que l'homme"?»

Le «plus grand de l'homme»

Nous pouvons mieux faire, c'est évident. Peut-être même devenir plus grands et améliorer notre façon d'être, la qualité de notre vie, les liens que nous tissons avec autrui. Nous sentons que la nature humaine est probablement plus belle et bien meilleure que celle qui se donne à voir. Nous avons tous été témoins du pire dans l'homme – avec le nazisme par exemple –, et, parfois, quelques humains nous montrent la voie du «plus grand de l'homme», des êtres exceptionnels comme Gandhi, qui préconisait la non-violence et changea le destin de tout un pays.

Développer le «plus grand de l'homme» m'est apparu essentiel: il incombe à chaque être humain de se lever pour s'élever et d'assumer ainsi la responsabilité de son humanité qu'il porte en lui et qui le porte, de façon consciente ou inconsciente.

Fort de cette conviction, j'ai tenté à mon niveau de contribuer au développement des potentialités de l'homme. Je ne me suis pas adressé directement à la conscience ni à la pensée, mais à la perception et à la présence, qui sont sous-estimées par rapport à leurs potentialités, et ne sont pas arrivées à leur maturité par rapport aux potentialités de l'homme.

C'est pourquoi j'ai œuvré pour l'enrichissement des potentialités perceptives comme moyen de développer la part humaine de l'homme. Mais au détour de mes recherches personnelles, professionnelles, spirituelles, et scientifiques, j'ai pris conscience que l'être humain n'avait pas épuisé toutes ses ressources relationnelles, et constaté simultanément une cécité perceptive et un appauvrissement de la présence à soi, à autrui et au monde.

J'ai donc tenté de créer des modèles d'intervention, susceptibles d'optimiser les capacités perceptives et la pleine présence. Il fallait, pour y parvenir, développer une nouvelle façon de percevoir, une forme de « perception paroxystique » contemplative, capable de saisir les nuances subtiles dans le corps, non perçues ni conscientisées à travers la perception habituelle. En explorant ces nouvelles aptitudes, j'ai découvert une actualisation de potentialités que je n'avais pas imaginées possibles.

Grâce à cet enrichissement perceptif, le « plus grand de soi » est palpable. Mais c'est une véritable aventure que d'aller explorer le « plus grand de l'homme », car nul ne sait, au fond, ce dont il est capable.

Explorer le «plus grand de l'homme», c'est développer les capacités intellectuelles, perceptives, cognitives, relationnelles et comportementales dont l'homme est naturellement doté. Nous souhaitons nous améliorer dans nos façons de penser, de vivre nos émotions, d'adopter des comportements plus nobles, d'être finalement au cœur de la chaleur humaine dans son aspect le plus pragmatique.

J'ai toujours essayé d'être dans la juste mesure sur la notion de potentialité, considérant ce terme délicat à appréhender car, au fond, que peut bien signifier «devenir ce que l'on est»? Ce qui est latent en soi, et qui ne demande qu'à s'expanser, ou un idéal à atteindre? Qu'on le veuille ou non, nous ne sommes pas tous destinés à faire ce que nous souhaitons. Par exemple, il ne m'a pas été donné d'avoir une intelligence mathématique, ni linguistique. Si j'avais voulu être mathématicien, il m'aurait fallu déployer une volonté extrême pour, finalement, dans le meilleur des cas, devenir un mathématicien médiocre. Or, nous avons tous un talent. Le mien reposait sur trois formes d'intelligence[1] : kinesthésique, intrapersonnelle, et interpersonnelle, socle à partir duquel j'ai exploré la vie et déployé toutes les autres formes d'intelligence.

Finalement, développer sa potentialité, c'est d'abord trouver sa place, son talent, ses points forts. J'étais, naturellement,

---

1. Howard Gardner décrit neuf formes d'intelligence : linguistique, logico-mathématique, spatiale, intrapersonnelle, interpersonnelle, kinesthésique, musicale, naturaliste, et existentielle. Voir Gardner H., *Les Intelligences multiples*, éditions Retz, 2008.

doté d'une acuité perceptive très performante. Disons que je suis doué pour la perception de la même façon qu'un autre serait doué pour les mathématiques. Je me suis appuyé sur cette aptitude pour développer ma créativité, mon sens de l'immédiateté, et mon adaptabilité. Je n'essayais pas de devenir ce que je suis, mais d'être ce que je devenais. Cette attitude m'a permis d'entrer progressivement en relation avec mon intériorité, et d'y saisir, pour ainsi dire, l'insaisissable, quand j'ai perçu la présence de ce mouvement interne à l'intérieur de mon corps.

Au début, je pensais qu'il s'agissait d'une simple animation, une sorte de physiologie naturelle du corps que je ne connaissais pas. Puis, je me suis rendu compte que ce mouvement participait de façon active à mon processus de croissance. À son contact, je devenais plus sensible, plus créatif, plus présent à moi-même et à autrui. Et mes comportements s'habillaient progressivement de qualités propres à la nature de ce mouvement. Ce n'est que bien plus tard que je l'ai soupçonné d'être l'expression du principe du vivant.

Dans la plupart des cas, le processus de dévoilement et d'appropriation est progressif, propre à chacun, tant dans sa chronologie que dans son intensité, et s'opère par touches plus ou moins intenses et profondes. Au fil du temps, plus on côtoie le « plus grand de soi », plus on accède au « plus grand que soi ». Et je suis convaincu que nous tous, êtres humains, possédons cette capacité en nous.

Le « plus grand que l'homme »

On imagine que le « plus grand que l'homme » est tellement lumineux et intense qu'il est impossible de passer à côté. En réalité, il ne se perçoit qu'à travers l'infime, l'infiniment subtil. Les sciences actuelles étudient l'infiniment petit et l'infiniment grand, et j'ai passé ma vie à étudier l'infiniment profond. La rencontre avec le « plus grand que soi », curieusement, n'est ni l'exploration des étoiles, du ciel, ou des planètes, ni celle des nanoparticules.

Pour accéder au « plus grand que soi », il faut plus que cela. Il faut une rencontre, une relation. Quand la relation est habillée d'une pleine présence, nous accédons à la profondeur. Généralement, la profondeur est assimilée à ce qui se situe au fond de quelque chose, au fond de soi. En fait, la profondeur n'est pas un lieu, mais un état qui transcende les limites, à la fois en dedans et en dehors du corps. C'est là que se joue la rencontre avec le mouvement interne.

Les manifestations du « plus grand que l'homme »

Le silence

Comment fait-on pour accéder au « plus grand que soi » sans aller dans des réflexions métaphysiques complexes ? En restant les pieds sur terre, tout en pénétrant le silence. Le silence est la voie de communication et l'expression la plus proche de l'absolu. Il est animé, lorsqu'on l'écoute depuis le lieu de sa profondeur et habité d'une pleine présence, d'un principe actif qui amplifie l'animation du mouvement interne.

Le mouvement interne

Le mouvement interne est l'expression vivante de la vie, le principe de force de la nature qui s'exprime dans notre corps. Je lui ai donné le nom de «mouvement substantiel» pour définir son caractère universel. Dès le premier contact, il m'est apparu comme une substance en mouvement tant sa texture était palpable par la conscience – une forme d'épaisseur en mouvement lui servant de support pour apparaître à la conscience. Spinoza utilise le terme «substance» pour désigner ce qui n'a ni commencement ni fin, et qui par conséquent n'est tributaire d'aucun acte de création extérieur à lui.

Pourquoi l'avoir alors nommé «mouvement interne»? L'acte de perception du mouvement substantiel implique la participation des capacités cognitives, perceptives et relationnelles propres à l'homme. Il est tout d'abord ressenti dans sa chair, d'où il s'internalise, pour être ensuite conscientisé par le cerveau. La perception est ainsi interne, d'où l'appellation «mouvement interne».

La pensée non pensée

J'ai fini par me rendre compte que le mouvement stimulait la mouvance de la pensée – une pensée non pensée, qui fait sortir de ses propres représentations, de ses habitudes et de ses *a priori*. Elle se donne de façon immédiate, chaleureuse, positive, créatrice, et est toujours portée vers la solution.

J'ai aussi constaté que cette pensée était opérationnelle, capable de synthétiser les choses dans l'immédiat, et de façon appropriée aux circonstances. J'ai toujours essayé de créer une pédagogie, des outils, des protocoles, qui permettent de saisir cette pensée qui se donne dès lors que l'on est au contact du Sensible.

La chaleur humaine

La perception du mouvement interne ne peut se résumer en une simple loi physique, elle est habillée d'une qualité relationnelle qui nécessite et sollicite la pleine présence. On ressent alors une véritable chaleur humaine au cœur de sa chair, qui éveille progressivement un état d'amour d'une saveur inexprimable. Cela donne le sentiment étrange que le mouvement porte le goût de l'humanité au moment où on le rencontre, et qu'il porte en son sein l'amour qu'ont déployé les sages connus ou inconnus qui l'ont accueilli. Les personnes qui le vivent aiment être animées par cette force qui les dépasse.

Personnellement, j'ai moi aussi toujours aimé être animé par cette force qui, visiblement, ne provient pas de moi et dépasse mes propres capacités d'amour. Vivre le mouvement interne, c'est ressentir une sorte de présence en soi avec laquelle se crée un lien d'amour.

Face à cette expérience, je me suis toujours demandé si ce que je ressentais était l'amour porté par le mouvement ou plutôt l'amour que je portais au mouvement. Étant un adepte farouche du libre arbitre et cultivant l'esprit laïc, j'ai opté pour la seconde solution, même si la force de ce que je vivais me faisait parfois douter de l'inexistence d'un dieu. Pour autant, je ne crois toujours pas en l'existence d'un dieu créateur, providentiel et tout-puissant, rejoignant ainsi le point de vue de Spinoza.

Quand j'instaure une relation de pleine présence avec le mouvement, j'ai le sentiment précieux que, là où le mouvement est, je suis. En effet, à son contact, je me sens pleinement présent à moi-même, à la vie, aux autres, et aux actions que je mène, avec en toile de fond un fort sentiment d'exister.

Arrivé à 70 ans, je caresse l'espoir que la méditation pleine présence devienne le lieu où se manifeste une partie de l'amour qu'a éveillé ma rencontre avec le mouvement, et du même coup un lieu de transmission qui transporte les qualités de la chaleur humaine à travers cette force vive et humaine qu'est le mouvement. C'est la manifestation la plus élevée de la pleine présence. Et aujourd'hui, je sais que l'homme est outillé pour être heureux dès lors qu'il rencontre son intériorité vivante, son bonheur ne dépendant plus de conditions extérieures.

Chapitre 3

Les sept voies d'accès
à la chaleur humaine

L a méditation est une démarche qui vise le bien-être tel que le présentent Carol Ryff et Corey Keyes, pour qui le bien-être recouvre le retour à une bonne estime de soi, une vision positive de sa vie, et de bonnes relations avec autrui. C'est aussi acquérir la sensation d'une plus grande maîtrise de sa vie et de son environnement, et enfin la capacité à donner du sens à son existence[1]. À cette définition large du bien-être, nous associons la dimension de la chaleur humaine qui donne sa coloration à la vie.

Avec la méditation, nous accédons à un monde interactif qui tend à améliorer notre qualité humaine. Mais avant cela, il faut franchir certaines étapes, à commencer par renouer le

---

1. Ryff et Keyes, 1995, *Activité physique. Contextes et effets sur la santé*, iPubli-Inserm, p. 193.

contact avec le silence, cultiver la présence à soi, mieux maîtriser le stress et l'anxiété et retrouver l'estime de soi. Grâce à cette posture, nous sommes plus à même d'honorer et d'investir le sens de notre vie en cultivant, récoltant et partageant la chaleur humaine à laquelle nous aspirons tous.

1. Renouer le contact avec le silence

Pour certains, le silence peut être ennuyeux, voire dérangeant, car il les renvoie à eux-mêmes. Ils l'agrémentent alors de bruit, d'agitation, d'activités diverses pour occuper leur esprit, mais ils se perdent un peu au passage. Il est aussi possible de ressentir un malaise face au silence qui apparaîtrait entre deux personnes dont la relation n'est pas harmonieuse. Mais pour la majorité d'entre nous, le silence est source de paix.

L'explorateur norvégien Erling Kagge nous dit dans son livre : « Je crois que tout le monde peut trouver le calme en son for intérieur. Il est tout le temps là, même quand nous sommes entourés de beaucoup de bruit[1]. » En effet, ce lieu du silence est un continent mystérieux et intact depuis que le monde est monde. Il est présent en soi, de façon permanente, mais bien souvent caché par une agitation qui donne trop de place aux bruits extérieurs.

---

1. Kagge E., *Quelques grammes de silence*, Paris, Flammarion, 2017, p. 26.

Quel est donc ce lieu de silence ? Comment rencontrer ce silence intérieur qui nous est propre ?

Le silence n'est pas seulement synonyme d'absence de bruit, il s'agit aussi d'un appel au recueillement favorisant le retour vers soi, une clé pour ouvrir la porte à de nouvelles perceptions. Lui accorder du temps ne va pas de soi dans ce monde turbulent où seule la performance a droit de cité. Nous pouvons avoir alors l'impression que s'autoriser un moment de silence, c'est perdre son temps à ne rien faire. Pourtant, le côtoyer offre un moment de répit nourrissant face à cette frénésie, un moment de ressourcement et de récupération. Mais c'est aussi, en quelque sorte, un acte politique, c'est-à-dire un positionnement qui revendique le droit de prendre du recul, d'apprécier le cours de sa vie, et finalement d'opposer la réflexion à ses habitudes pour revisiter ses priorités, ses insatisfactions et ses besoins.

La méditation nécessite de rejoindre le silence afin de se mettre à l'écart du bruit et de l'agitation, pour s'offrir un temps de réflexion intense qui invite à devenir pleinement conscient de sa manière d'être et de vivre.

Au-delà de cet aspect, le silence rencontré en soi pendant la méditation prend la forme d'une substance animée d'une force infiniment douce et puissante, au contact de laquelle tout paraît stable, et qui occupe l'horizon de la terre jusqu'au ciel.

Il suffit de s'isoler quelques instants dans une pièce calme, de fermer les yeux et de poser son attention sur la posture de son corps pour retrouver ce lieu de silence qui réside en chacun de façon immuable. Quand nous ne parvenons plus à faire de la place au silence dans notre propre vie, c'est le signe que nous commençons à être dépassés par les événements et que nous avons quitté ce lieu de modération et de recul si nécessaire.

Voici quelques exemples de confrontation avec le silence.

Fuir le silence, c'est se fuir

Béatrice ne supporte pas l'effet miroir du silence, le reflet renvoyé ne lui plaît pas toujours. Elle déploie alors des stratégies d'évitement pour ne pas faire face aux angoisses provoquées par sa confrontation au silence et à la solitude. Elle compense par une grande vie sociale et beaucoup d'occupations diverses. Elle se fuit dans l'action et la nouveauté.

Le silence apprivoisé, source de saveur

Janine, face au silence qu'elle rencontre dans la méditation, prend conscience de sa phobie du silence et fait le lien entre cette phobie et ses crises d'anxiété. Elle insiste dans la pratique méditative et constate qu'elle se rapproche de son corps et qu'elle apprivoise le silence, de sorte qu'aujourd'hui, elle plonge dans des moments de silence qu'elle trouve de plus en plus savoureux.

La force active du silence

Lola vit sa première expérience de méditation comme un véritable temps de pause : « Vivre simplement la douceur du silence qui fait son œuvre en moi. » Pendant ce moment, elle quitte l'écoute active, voire hyperactive, qu'elle utilise habituellement. Cette nouvelle attitude crée en elle un « espace où le silence a pu venir se déployer lentement ». Cela lui semble doux, léger et savoureux. Elle nous confie comment elle procède pour découvrir la force d'agir du silence :

- Trouver le lieu de confiance qui existe en moi et m'appuyer dessus pour faire une expérience sans avis ni jugement.
- Percevoir un goût, une consistance que je reconnais comme étant un repère intérieur positif.
- Soigner le rapport au présent et expérimenter ce moment qui se donne à chaque instant.
- Changer le regard sur les choses et adopter une façon de les vivre plus intérieure.

2. Cultiver la présence à soi

Comme nous l'avons vu, être présent au présent est indispensable pour développer sa relation à la vie. Mais l'habiter pleinement est encore autre chose. En effet, si le temps de l'horloge est le même pour tous, la présence au temps est unique à chacun. C'est cette part singulière qu'il faut saisir dans le temps qui passe.

La méditation est un procédé de grossissement des attitudes et des ressentis qui ne sont habituellement pas perçus dans notre vie courante. Pour y parvenir, il faut cultiver la présence à soi. Il faut, en quelque sorte, creuser les sillons qui nous conduisent vers l'intériorité et labourer notre affect, nos émotions, nos représentations, pour développer la fertilité du terreau de notre vie.

Être présent à soi-même nécessite de faire appel à une virtuosité introspective, grâce à laquelle nous pouvons nous observer et nous sonder nous-mêmes. Il ne s'agit pas simplement de percevoir un événement venant du monde extérieur, mais de saisir ce qui se joue à l'intérieur de soi. Pratiquer la méditation pleine présence, c'est bien sûr porter son attention sur l'instant du présent, mais surtout sur une dimension relationnelle à notre vie et à notre environnement. Développer la présence à soi est le sésame permettant d'accéder à la chaleur humaine.

La présence à soi, une seconde naissance
Jeff voyait la vie en dehors de lui, autour de lui, mais jamais en lui. Cela le mettait dans un état de dépression et de mal-être permanents. Il prenait conscience qu'il vivait au travers des autres et que, pour lui, c'était cela, vivre. Il n'était pas présent à lui-même et se sentait coupé en deux, le corps d'un côté et sa pensée de l'autre. Quand il rencontra la méditation, il l'intégra dans sa vie pour sortir de ce qu'il appelait « son processus de non-vie, de non-moi ».

Dès les premiers contacts avec la méthode, il prit conscience de quelque chose de profond, d'avoir simplement à se réapproprier sa vie à travers la présence à son corps. Il découvrit même le plaisir de vivre dans son corps : « J'aime être présent à mon corps et ressentir la vie qui circule en moi. » Cette rencontre avec le mouvement interne est la toute première expérience qui a changé son rapport à lui-même, et son point de vue sur la vie. Retrouver la présence à lui-même fut une « seconde naissance ».

3. Honorer pleinement sa vie

Comment repousser l'«absurde», terme utilisé par Heidegger pour désigner une vie privée de sens, dans laquelle l'homme est inclus dans un «on». Cela aboutit à se cacher dans une moyenne anonyme, au détriment du désir d'apparaître dans toute sa dimension et son originalité. Nous avons, pourtant, tous le désir d'apparaître, d'oser être, de prendre notre place et de rester fidèles à nos aspirations profondes.

Une autre façon d'honorer sa vie est, sans doute, d'apprécier le caractère magique du simple fait d'être vivant, de savourer le caractère précieux de ce laps de temps unique qui nous a été offert.

Rien ne nous est plus personnel que le temps qui marque notre vie, où chaque seconde devrait compter comme si elle était ultime. Ne plus s'en étonner est un signe peu favorable à l'épanouissement.

Cela nous amène à devenir une personne du présent honorant chaque seconde de sa vie au lieu de passer son temps à regarder son histoire dans un rétroviseur où le passé semble plus important que le temps présent et celui qui reste à vivre. Il faut donc changer notre posture d'observation et poser notre conscience sur ce que nous sommes en train de faire et sur ce que nous ferons. Vivre devient alors un art d'être présent à soi au cœur de cette temporalité magique et unique.

Voilà une belle perspective qui permet d'honorer sa vie. Cela demande de s'engager sur la voie de l'intériorité, de faire l'expérience de la beauté intérieure et d'avoir le désir de devenir pleinement soi, en retrouvant cette force intérieure naturelle qui tend vers l'accomplissement.

4. Retrouver l'estime de soi

L'estime de soi correspond au sentiment plus ou moins favorable que nous éprouvons à l'égard de nous-mêmes et à la considération que nous nous portons. Le manque d'estime de soi a des conséquences dans tous les domaines de notre vie.

Quand on se regarde, face à face avec nous-mêmes, avons-nous réellement une bonne opinion de nous? Quelle est la valeur que nous nous donnons? Est-ce que nous nous acceptons tels que nous sommes? Ou, au contraire, sommes-nous constamment en train de nous déprécier?

La littérature présente deux grandes approches du manque d'estime de soi : une vision intrapersonnelle et une vision interpersonnelle.

La première découle d'une référence à un soi idéal que nous tentons vainement d'atteindre. Le constat que nous faisons du décalage entre ce que nous sommes et ce que nous voulons être entraîne dans son sillage une estime de soi négative. En fait, le déficit d'estime de soi se forge autour de trois piliers : le manque d'amour de soi, reflétant notre incapacité à nous aimer, la vision de soi négative, qui reflète le regard que nous portons sur nous-mêmes, et le manque de confiance en soi, qui nous renvoie à notre incapacité de mettre en œuvre ce que nous désirons ou de réussir ce que nous entreprenons.

La seconde aborde l'estime de soi sous l'angle de la manière d'être aux autres et au monde. Elle dépend des interactions sociales, et plus particulièrement de la manière dont nous nous sentons évalués par les autres. Nous avons alors tendance à nous comparer aux autres et à rechercher dans leur regard l'estime qui nous fait défaut.

Méditer cultive l'aptitude à éprouver un sentiment favorable envers soi. En effet, la beauté intérieure qui s'offre à la conscience dans l'expérience méditative nous fait découvrir une partie de nous-mêmes belle, chaude et sereine. La pleine présence change notre manière de nous éprouver et de nous considérer. Cette nouvelle manière d'être présent à soi devient aussi une nouvelle manière d'être au monde[1]. Nous cessons de nous comparer de façon affective.

Nous découvrons alors une nouvelle motivation à nous aimer au cœur d'une relation remplie de bienveillance envers nous-mêmes et envers les autres. De là, nous ressentons une motivation nourrie de l'intérieur qui stimule notre motivation à vivre et à agir.

---

1. Bouchet V., « Accompagnement en psychopédagogie perceptive et estime de soi », thèse de doctorat en sciences humaines et sociales, option psychologie, université Fernando-Pessoa, 2015.
Bourhis H., Bouchet V., Bois D. et Lieutaud A., « The Impacts of Somatic Psycho Education on Self-Esteem », *EC Psychology and Psychiatry*, 2017, 5.2: 43-51.

Le mouvement interne, source d'estime de soi

Joëlle, femme de 57 ans, présente une image d'elle-même négative. D'emblée, elle rapporte que, depuis toute petite, elle croyait être une vilaine fille suite à un événement perturbant vécu à l'âge de 5 ans. Son regard était négatif sur elle et sur le monde, et son fonctionnement reposait essentiellement sur un renforcement extérieur : « J'existais au travers du regard de l'autre, j'étais insatisfaite de ma vie, je ne pouvais vivre mon présent, mon passé était la cause de ma souffrance. »

Dès que l'extérieur répondait défavorablement à son besoin, elle s'écroulait et tombait dans le vide, se sentant rejetée, abandonnée. Il lui fallut beaucoup de temps pour qu'elle puisse accepter sa propre responsabilité dans ce processus.

Puis, au cours d'une méditation pleine présence (sous la forme d'une introspection sensorielle), elle découvrit le mouvement interne : « Cette présence à moi-même issue d'une présence en mouvement à l'intérieur de moi me remplit d'amour, de douceur, de paix et de confiance. » Elle décrit ce moment particulier sous la forme d'une réconciliation : « Ce regard bienveillant que je peux porter sur moi-même m'a permis de développer un amour pour moi-même. Je l'ai accepté et je l'ai validé. » Au fur et à mesure des expériences intérieures, son image s'est transformée et elle fut capable de se dire : « Je suis une fille bien, je n'ai plus honte. »

Elle nous offre le processus qu'elle a déployé pour consolider une estime positive d'elle-même :

- Je fais une introspection sensorielle que je construis avec des items que j'observe et que je décris dans leur évolution (pour occuper ma pensée).

- Je me pose, je ralentis, je laisse mes pensées négatives en suspens.

- Je choisis d'accéder au lieu qui est en moi où il n'y a pas de turbulences.

- Je choisis de ne plus gâcher mon temps si précieux avec des états d'âme nourris par des pensées destructrices.

Puis elle conclut : « L'important, c'est le présent, c'est la vie que je mène aujourd'hui, et aujourd'hui je peux dire que je suis heureuse. »

5. Investir le sens de la vie

Que signifie au juste «perdre le sens de sa vie»? Le mot «sens», dans la langue française, recouvre trois acceptions différentes : support de la sensibilité, direction ou orientation, et signification. Auquel nous pouvons ajouter la valeur que l'on accorde aux choses.

Nous avons tous traversé des périodes où nous avions l'impression de perdre le fil conducteur de notre vie. Dans ces moments-là, nous sommes envahis par le sentiment que le sens de notre vie nous échappe, nous ne savons plus pourquoi nous agissons, et parfois même nous nous percevons comme inutiles. Accompagnés d'une perte de motivation, ces moments peuvent aussi influencer notre joie d'être vivants. Ainsi, la perte de sens touche de multiples secteurs de notre existence.

Nous vivons un sentiment de frustration de n'avoir pas fait ce à quoi nous aspirions, au regard de certaines considérations professionnelles, familiales ou autres (ne pas avoir osé, avoir eu peur de, ne pas avoir pris la mesure de…). Bref, nous portons à l'intérieur de nous-mêmes un sentiment obscur qui empoisonne notre vie. Il est urgent de le transformer, car il est particulièrement porteur de mal-être et de dévalorisation.

Nous avons aussi parfois la sensation de n'avoir rien appris de la vie, face à la répétition de schémas perdants sur lesquels nous n'avions pas de prise. Mais cette impression est le plus souvent erronée. La vie est formatrice. Le temps est formateur. À la condition de se donner le temps de prendre du recul, afin de développer un regard nouveau pour découvrir le lien de cohérence entre les événements.

Ainsi, il y a des moments charnières dans l'existence qui méritent d'être revisités, constituant un défi majeur pour les personnes en quête de sens. Parfois, cette prise de conscience va jusqu'à un questionnement existentiel à propos du sens de sa vie, de son utilité. Nous avons tous la capacité d'orienter notre vie. Pratiquer la méditation, c'est réactiver notre désir profond de retrouver la direction à prendre, ne souhaitant plus cheminer en sens contraire de nos convictions intimes. La pratique méditative offre le point d'appui nécessaire pour relancer le processus dynamique du sens de sa propre vie.

6. Se préserver du stress et de l'anxiété

Le stress et l'anxiété sont devenus des enjeux de société mondiaux. Dans cette époque où les cultes de la compétition, de la performance et de la perfection font loi, leurs ravages sont bien souvent mésestimés. Les pratiques méditatives étudiées depuis les années 1960 dans le domaine de la santé, et dorénavant entrées dans les parcours de soins, ont eu de nombreux effets bénéfiques.

Sommes-nous anxieux de nature ou, au contraire, avons-nous tendance à rester zen en toutes circonstances? En fait, l'anxiété est complexe à cerner. Elle va de la simple tendance à s'inquiéter pour la moindre chose, générant dans son propre corps toutes sortes de réactions, à celle plus amplifiée qui survient lorsque nous sommes confrontés à de graves problèmes.

Que l'anxiété soit légitime ou non, elle crée les mêmes effets dans le corps : des symptômes qui dépendent de nos pensées, de nos craintes et de nos peurs. Quand le mental perd pied, le cœur se met à battre exagérément au point qu'on le ressent dans sa cage thoracique. L'incapacité à contrôler l'emballement cardiaque et notre malaise organique amplifie le phénomène. On a beau se raisonner, rien n'y fait.

La méditation est certainement tout indiquée pour tenter de contrôler les phénomènes physiques, psychiques et cognitifs qui en découlent. Mais, d'un autre côté, il n'est pas simple de méditer en pleine crise d'anxiété. Impossible en effet, dans ces moments-là, de pénétrer le silence profond à la recherche d'un nouveau souffle. Les pensées se bousculent, la peur augmente, l'oppression thoracique enserre, et les idées noires entraînent, avec elles, une somatisation envahissante. Les personnes sujettes à l'anxiété savent, par expérience, que la réaction psychique entraîne dans son sillage des troubles physiques qui vont accentuer la détresse psychique.

Que faire alors ? Détourner la pensée en portant l'attention sur la respiration par exemple, ce qui ne demande pas un effort de concentration important. Suivre le rythme de sa respiration, puis l'amplifier de façon lente, permet de calmer le jeu et de trouver un répit à son malaise. On peut aussi détourner son attention en la focalisant sur des exercices gestuels réalisés lentement selon une orientation déterminée.

En fait, l'urgence en cas d'épisode d'anxiété est de détourner l'attention vers des tâches faciles à accomplir de façon concentrée, comme c'est le cas dans la respiration et le mouvement intériorisé.

La pratique de la méditation agit de façon très bénéfique sur les personnes qui ont une «tendance maladive» à l'anxiété. Pratiquée quotidiennement, elle change la mentalité des personnes, qui deviennent progressivement moins fragiles et réactives face aux événements anxiogènes. Là où, autrefois, naissait un vent de panique, la personne reste calme, et a le sentiment de contrôler ses émotions, ses affects et ses comportements. Apprendre à gérer l'anxiété est primordial pour bien vivre, aller vers l'accomplissement de son être et explorer ce lieu de silence actif et ressourçant. La pratique méditative régulière s'avère une prévention efficace contre les états d'anxiété[1].

7. Cultiver, recueillir et partager la chaleur humaine

Tout le monde a fait l'expérience, face à une mauvaise nouvelle, à un stress ou à une situation anxiogène, de ressentir

---

1. Lieutaud A. et Bois D., «Place de l'introspection sensorielle dans la pratique méditative et son impact sur l'anxiété», en anglais sur *EC psychology and psychiatry (Sensorial Introspection and its Possible Influence on Anxiety towards the Study of its Modalities of Action)* ou en français sur le site du CERAP.

dans son corps une sensation de froid accompagnée de mal-être. À l'inverse, lorsque nous nous trouvons dans une situation bienveillante, harmonieuse et heureuse, notre corps se réchauffe et nous nous sentons bien.

Lorsque les personnes entrent en résonance avec le mouvement interne, elles témoignent d'une expérience profonde de chaleur qui les renvoie à leur humanité. Suite au travail sur la qualité de la présence à soi, on accède à la chaleur humaine. En effet, la présence est le sésame pour accéder à sa propre chaleur humaine.

Souvent, nous confondons la chaleur humaine avec l'affectivité. Or, l'affectivité est le sentiment d'avoir besoin de l'autre, besoin de lui pour combler nos manques et nous rassurer. La chaleur humaine, en revanche, commence à partir du moment où l'on est ouvert à autrui sans avoir besoin de lui. Développer la chaleur humaine implique donc un travail affectif et émotionnel.

Le concept de la chaleur humaine a pris forme à partir des témoignages de personnes qui rapportaient le vécu d'une chaleur à l'intérieur de leur corps après une séance de toucher manuel. Cette sensation est la première que les gens éprouvent. Ils rapportent ensuite des sentiments de profondeur, de globalité, de présence à soi et d'existence.

PROCESSUS DE LA CHALEUR HUMAINE
- La perception de la chaleur renvoie la personne à un sentiment de confiance, et influence sa relation à elle-même et aux autres.

.../...

- La perception de la profondeur renvoie la personne au fait de se sentir concernée et impliquée, influençant le degré d'intérêt, de curiosité et de motivation.
- La perception de la globalité renvoie la personne à un sentiment d'unité, de stabilité et de solidité influençant sa stature dans la vie quotidienne.
- La perception de la présence à soi renvoie la personne à un sentiment d'existence de soi qui influence la qualité de la présence à autrui.
- La perception du sentiment d'exister renvoie la personne à un sentiment d'autonomie qui influence l'affirmation de soi dans ses actions.

La méditation pleine présence favorise la rencontre entre la matière vivante, le mouvement interne et la conscience des phénomènes perçus. De là découle la chaleur humaine. L'association des différents sentiments rapportés dans l'expérience du corps intérieur éveille la bienveillance et la sollicitude envers soi et autrui.

La chaleur humaine permet un rayonnement dans sa propre vie comme s'il y avait un soleil à l'intérieur de soi. Elle apaise les peines et crée un équilibre intérieur. Et davantage, la chaleur humaine permet d'ensoleiller la vie de ceux qui nous entourent.

Chapitre 4

La pratique de la méditation pleine présence

Pendant plus d'une dizaine d'années, la pratique de la méditation pleine présence ne s'est adressée qu'aux étudiants et praticiens en fasciathérapie et somato-psychopédagogie, ainsi qu'aux patients qui souhaitaient approfondir leur intériorité de façon autonome. Aujourd'hui, elle est proposée à toutes les personnes en quête d'accomplissement de leur vie.

La médiatisation des pratiques méditatives et l'intérêt qu'elles suscitent évoluant de pair, une nouvelle attente émerge, et de nombreuses personnes expriment leur désir d'apprendre à méditer. La méditation pleine présence n'échappe pas à cet engouement.

La pédagogie ainsi que la méthodologie pratique qui accompagnent la méditation offrent des propositions innovantes,

notamment pour accroître la perception des nuances intérieures et développer l'aptitude à mettre en mots l'expérience.

Le processus de la méditation pleine présence

La méditation pleine présence s'inscrit dans les techniques de conscience du corps («body awareness») et met à notre disposition plusieurs outils permettant d'intensifier l'expérience et d'optimiser notre présence. La méditation à proprement parler ne constitue qu'une partie de ce protocole qui comprend quatre temps.

- Le premier temps prépare la personne, son corps et sa conscience, à travers l'éveil manuel corporel pour déployer la présence à soi et l'accès au vécu du mouvement interne.
- Le deuxième renforce les facultés perceptives et cognitives de la personne à travers une méditation gestuelle lente, codifiée et intériorisée.
- Le troisième est la méditation pleine présence à proprement parler, au cœur d'une posture immobile et relâchée.
- Enfin, le quatrième temps offre un espace de parole pour mettre en mots et partager l'expérience vécue pendant la méditation.

L'utilisation de ces outils n'est pas forcément linéaire ; elle est adaptée aux besoins spécifiques de chacun et répond à des réalités corporelles, perceptives et cognitives particulières.

Premier temps : l'éveil de la matière par le toucher

Ce temps d'éveil facilite l'accès à l'intériorité en développant la perception et ses nuances. S'il est fortement recommandé aux personnes qui ont des difficultés à ressentir les manifestations subtiles de leur corps, il devient facultatif pour celles qui ont déjà une conscience corporelle développée à travers d'autres formes de méditation ou pratiques de soi.

Cette étape se réalise lors de séances individuelles de cinquante minutes, la personne étant allongée sur une table de massage. En moyenne, il faut trois séances pour éveiller la sensibilité nécessaire à une pratique fructueuse de la méditation.

Pendant la séance, la personne reste habillée et immobile, et le praticien la sollicite verbalement en même temps qu'il travaille manuellement sur l'ensemble de son corps. Les consignes verbales l'invitent à poser son attention sur ses sensations internes afin d'enrichir ses facultés perceptives. À ce stade, sur la base de son vécu, tout un référentiel se construit en lien avec la présence et le mouvement interne.

L'éveil de la matière par le toucher.

L'ACCOMPAGNEMENT DANS LA DÉCOUVERTE
Le guidage manuel et verbal de l'animateur aide la personne à découvrir le mouvement interne dans son propre corps, enrichit ses facultés perceptives, et la prépare à soigner sa présence dans la pratique méditative.

Deuxième temps : la méditation gestuelle, une lenteur contemplative

Avant de se lancer dans l'aventure de la méditation proprement dite, en position assise et immobile, la personne est amenée à effectuer un certain nombre de gammes lui permettant, à travers une gestuelle lente et codifiée, d'entraîner sa conscience à pénétrer vers la profondeur de son corps et de son esprit.

Réalisée en position assise et guidée verbalement et manuellement par l'animateur, la méditation active sollicite, en priorité, les mouvements lents et relâchés du tronc, de la colonne vertébrale et de la tête, en flexion et en extension. Grâce à cette orientation simple, l'animateur invite la personne à découvrir les subtilités de son geste.

SILENCE, ON BOUGE DANS LA LENTEUR...

On s'en doute, ce n'est pas un mouvement habituel qui peut produire un effet de reconnexion avec soi-même. Pour qu'un enchaînement de mouvements donne un tel résultat, il faut tout d'abord que le mouvement soit effectué dans la lenteur. Une lenteur qui n'est pas seulement une vitesse réduite, mais aussi et surtout une qualité de silence qui se déroule dans le temps.

Cette lenteur est la condition première pour développer la perception du corps. Les personnes font instantanément la différence entre le plaisir déclenché par un geste lent et celui produit par un geste effectué à vitesse normale.

Éveil global

Dans le mouvement de flexion du tronc, par exemple, la personne doit sentir que pendant que son tronc s'oriente vers l'avant, une partie d'elle recule (voir ci-après le premier dessin). Et inversement, pendant que son tronc s'oriente vers l'arrière, en extension, elle doit ressentir le déplacement de sa poitrine vers l'avant et un mouvement global de son corps vers le haut (voir ci-dessous les deuxième et troisième dessins).

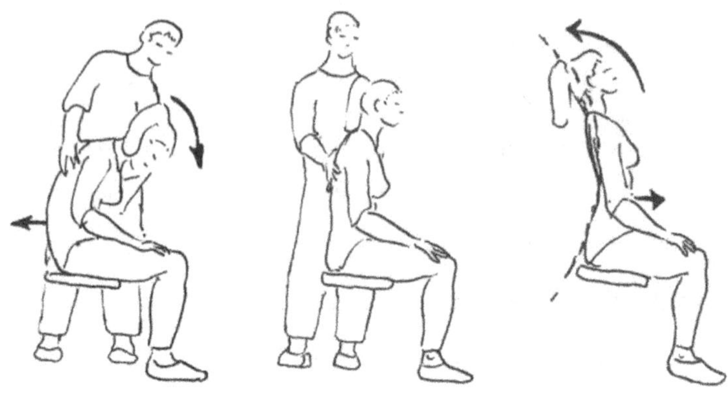

Éveil global en flexion / extension.

La personne effectue lentement un mouvement de rotation vers la droite, puis vers la gauche. Elle est invitée manuellement et verbalement à percevoir le contre-mouvement associé à la rotation gauche par exemple. Pendant que son épaule droite recule, son épaule gauche avance dans la même amplitude, et inversement dans l'autre sens. Puis, au mouvement des épaules est associé celui plus global du tronc, et enfin celui de la colonne vertébrale dans toute son amplitude (voir ci-dessous).

Éveil global en rotation.

Éveil local

La personne effectue, par exemple, un mouvement lent d'inclinaison de sa tête vers la droite puis vers la gauche. L'animateur oriente l'attention de la personne sur la fluidité de la lenteur et sur la perception du contre-mouvement qui lui est associé. Ainsi, sur le schéma suivant, le cou glisse du côté opposé à la direction que prend la tête. C'est la perception de ce contre-mouvement qui développe le plus la conscience corporelle.

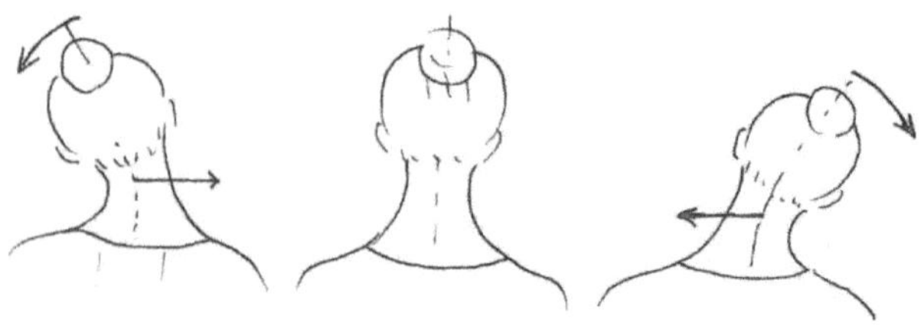

Éveil du cou en inclinaison.

Progressivement, l'animateur propose à la personne d'explorer tous les plans de l'espace, de façon locale et globale.

Le caractère méditatif de cette gestuelle est facilité par la lenteur du geste. Celle-ci invite le pratiquant à rester présent durant tout le déroulement de son geste, du point de départ jusqu'à l'arrivée. Ainsi, le moindre détail contenu dans le geste peut être perçu. Il s'agit, en fait, d'un entraînement à percevoir les nuances qui se donnent au cœur de cette chorégraphie gestuelle, l'objectif étant de développer de nouvelles aptitudes attentionnelles et discriminatives, qui amplifient considérablement la conscience corporelle.

Dans un premier temps, la conscience est orientée sur les critères objectifs du geste tels que les orientations et amplitudes du tronc, de la colonne vertébrale et de la tête.

Dans un deuxième temps, l'attention est orientée vers les sensations qui apparaissent pendant le mouvement. Tout un univers de sensations et de vécus corporels apparaît alors à la conscience grâce au caractère amplificateur de la lenteur. Le silence se met en mouvement, la méditation peut commencer…

> **SE RENCONTRER À TRAVERS LA LENTEUR**
> Christophe décrit l'ennui qu'il éprouvait durant son adolescence et son mal de vivre qu'il noyait dans une activité intense. Son mal-être venait de sa perpétuelle insatisfaction du moment présent. Alors pour le fuir, il se créait un maximum de contraintes. Il avait aussi la sensation d'être vieux et d'avoir une cage thoracique rigide et immobile.
>
> Il n'a pas eu, comme certains de ses amis, la rencontre fabuleuse avec le mouvement interne lors d'une séance choc. C'est à travers la lenteur de la méditation gestuelle qu'il a commencé à se donner du temps, à prendre conscience de la donnée du temps. Cela a été le point de départ de sa rencontre avec lui-même et avec le mouvement interne.

Éveil du tonus

Le tonus est un état de contraction musculaire de base qui constitue la trame de tous les mouvements et attitudes. Même au repos, les muscles présentent un état de tension minimum qui assure au corps le maintien de sa forme et de sa consistance. Cet état tonique de base sert également de support aux contractions musculaires.

> **LES TROIS FORMES DE TONUS**
> - Le tonus postural assure le maintien de l'équilibre.
> - Le tonus d'accommodation régule la tension musculaire pendant l'exécution d'un mouvement.
> - Le tonus d'anticipation prépare le corps à l'action dès l'émergence de l'intention et avant même que l'action ne se mette en route.

Au-delà de ces fonctions, le tonus est comme une corde tendue entre le psychisme et le corps qui interagissent en permanence. Il reflète l'état intérieur somatique et psychique : on peut se sentir au repos alors que le tonus musculaire révèle en réalité qu'on est très tendu.

Apprendre à percevoir les différents états de sa propre tonicité participe au déploiement de la conscience corporelle. En outre, un tonus interne trop élevé ou trop faible altère la qualité de présence à soi, et la pratique vise à installer un état tonique équilibré.

Troisième temps : la méditation pleine présence

Les étapes précédentes ont éveillé le mouvement interne, développé les capacités perceptives et discriminatives, et ouvert à de nouvelles sensations. La conscience corporelle ainsi enrichie installe un rapport de présence à soi plus intense. Il est maintenant possible de poser son attention de façon focalisée et analytique, ou de façon plus panoramique et globale, sur les manifestations objectives et subjectives du mouvement.

À ce stade, les conditions sont requises pour se lancer dans l'aventure de la méditation pleine présence, confortablement assis, à l'écoute des phénomènes intérieurs. Cet aspect sera largement développé dans la partie suivante.

Quatrième temps : la mise en mots de l'expérience

Après avoir expérimenté la pleine présence avec le toucher, la méditation gestuelle et la pratique de la méditation, un temps est consacré à la mise en mots et au partage de l'expérience vécue.

Cet espace de parole peut se faire immédiatement ou en différé, en tête à tête avec le pédagogue ou en groupe. Il s'agit, ici, de donner du sens à l'expérience qui a été vécue et de l'intégrer dans sa vie quotidienne.

L'ESPACE DE PAROLE, UN SÉRIEUX DÉBRIEFING

Immédiatement après l'expérience, nous ouvrons un espace de parole qui vise à valoriser et à valider l'expérience qui vient d'être vécue. Les trois questions qui suivent pourront servir de points de départ à cet espace de parole.

- Pourriez-vous décrire ce que vous avez ressenti durant la méditation ?
- Qu'avez-vous appris de cette expérience ?
- Voyez-vous des ponts à faire avec votre vie quotidienne ?

Ce moment dédié à la verbalisation permet de prendre la mesure de ce qui s'est donné durant la méditation, de l'intégrer et de le valoriser. C'est une étape essentielle pour les débutants, qui parfois interprètent leur expérience de façon tronquée. Le fait de les aider à dérouler leur vécu change parfois radicalement leur regard et leur compréhension.

Cette phase permet aussi à la personne de clarifier ce qu'elle a vécu pendant la séance et de faire des liens avec sa vie quotidienne.

Les enjeux de la méditation pleine présence

Vient le moment de procéder à un état des lieux des enjeux à l'œuvre dans la méditation pleine présence, en prenant soin de mettre en relief le rôle qu'ils jouent dans le concert de la méditation. Le projet vise d'abord à observer les capacités cognitives, puis perceptives et enfin relationnelles et humaines.

La relation de pleine présence est effective lorsque la personne a le sentiment de percevoir un maximum de phénomènes en faisant le minimum d'efforts attentionnels. À cet instant, le sentiment qui préside est un état de *flow*. Ce paroxysme perceptif, où tout se perçoit sans effort, est le but à atteindre.

Muscler ses aptitudes cognitives

Lorsque l'on observe un groupe qui médite, nous avons l'impression qu'il suffit de fermer les yeux, de rester immobile en silence, et d'observer passivement ce qui apparaît à la conscience. En réalité, la méditation est active puisqu'elle sollicite un ensemble d'activités cognitives telles que l'intention, l'attention, la pensée, l'imagination, la mémoire, la conscience et la motivation.

L'intention : j'oriente mon action

L'intention est une disposition de l'esprit qui tend délibérément à s'engager dans l'action selon un but défini : elle constitue non seulement le point de départ du projet, de la prise de décision et de la mise en action, mais se poursuit tout au long de la méditation à travers le choix de poser son attention sur un point.

Propositions intentionnelles
Décider de poser son attention sur la respiration, sur la posture du corps, sur l'atmosphère sonore du milieu ambiant, sur la qualité du silence collectif, sur le ressenti à l'intérieur de soi…

L'attention : je sélectionne les informations

L'attention est un processus de sélection des informations grâce auquel la perception devient plus sélective et discriminative. La personne peut ainsi porter son attention sur un certain nombre d'objets internes ou externes, et écouter, observer, toucher de façon plus performante. D'elle va dépendre la stabilité de notre présence dans la méditation.

L'*attention focalisée* est appliquée sur une tâche particulière à réaliser à la suite d'une consigne telle que «Posez votre attention sur la respiration», ou bien «Posez votre attention sur la posture de votre corps», «Posez l'attention sur votre pensée», ou «Posez votre attention sur votre ressenti».

L'attention peut aussi être *panoramique* et orientée de façon spatiale en écoutant, par exemple, le silence ou l'atmosphère sonore environnante.

Dans un autre registre, la *présence attentionnée* accueille ce qui se donne spontanément à la conscience tel le flux de la pensée qui s'écoule spontanément, sans mobiliser sa réflexion, ou le flux de sensations qui émergent de l'intériorité du corps (corporéité). Dans ce cas, l'attention n'est pas focalisée vers un objet, mais c'est l'objet qui attire l'attention.

De tous les instruments internes, l'attention est celui que nous pouvons le mieux contrôler, car il est de notre ressort de l'orienter vers un endroit ou un autre, de façon brève ou durable. Son caractère exclusif empêchant de l'appliquer à deux endroits à la fois au même moment permet de détourner la personne de la problématique qui la rend indisponible. En effet, quand l'attention se pose sur une tâche donnée (respiration, mouvement, silence…), elle exclut tout le reste du champ de conscience.

On distingue différents troubles de l'attention tels que l'hyperfocalisation, qui marque une restriction du champ attentionnel confiné à l'obsession. Dans ce cas, l'attention reste invariablement portée sur un objet, au point d'en faire une préoccupation exclusive.

L'hyperdistractibilité, au contraire, marque une incapacité à poser son attention, pleinement et de manière soutenue, sur quelque chose. Cela peut aller jusqu'à une inattention totale, obligeant la personne à fournir un effort surhumain pour rester concentrée.

Enfin, les sauts attentionnels marquent une désorganisation globale des capacités attentionnelles qui fluctuent selon les moments de la journée, le type de sollicitation et l'état psychique de la personne.

PROPOSITIONS ATTENTIONNELLES

La mobilisation attentionnelle est toujours portée par une intention. À cette étape, la consigne n'est pas « Décidez de » ou « Choisissez de », mais « Posez votre attention sur » de façon hyperfocalisée, par exemple sur la respiration, les différents appuis du corps sur le sol, ou sur la chaise.

On peut également orienter l'attention de façon plus panoramique : « Quelle est la place que vous occupez dans le groupe ? Êtes-vous situé à droite, à gauche, en avant, en arrière, au milieu ? »

On voit bien, dans ces deux propositions, que la consigne mobilise différentes capacités. Dans le premier cas, la consigne porte sur quelque chose de concret et de tangible, et dans le second cas, la consigne est plus abstraite, sollicitant la capacité de la personne à se situer dans l'espace.

La pensée : je fais de ma pensée une alliée

PETITE HISTOIRE...

Est-il besoin d'être philosophe pour exprimer une réflexion profonde ? Je me promenai avec Léonor, une petite fille âgée de 4 ans, dans une rue de Lisbonne. Durant tout le trajet de la promenade, Léonor garda le silence. Au bout d'un long moment, je l'interpellai : « Que t'arrive-t-il, pourquoi ne parles-tu pas ? »

Elle prolongea encore un peu son silence et répondit : « Je ne parle pas parce que je pense. »

Puis, à nouveau, le silence s'installa. Après quelques longues minutes, je lui demandai : « À quoi reconnais-tu que tu ne penses pas ? »

Elle me répondit : « Quand je parle. »

.../...

> À mon tour, je gardai le silence et réfléchis… Léonor venait de me livrer, à sa manière, une très belle définition de la pensée. C'est un fait, quand on garde le silence, la pensée se révèle dans sa substance. On l'entend presque, on la voit défiler dans sa tête, on la capte… Mais une fois qu'elle se dévoile en mots, la pensée semble parfois échapper à la conscience[1].

La pensée est un instrument interne particulièrement riche et complexe. Nous sommes souvent, dans la méditation, les témoins impuissants de pensées incontrôlables qui vont dans tous les sens, ou de pensées fixes et répétitives qui nous obsèdent ou auxquelles on s'identifie. Certains disent même : « Ce n'est pas de ma faute, c'est de la faute à ma pensée… » Ainsi, faire de notre pensée une alliée est un vrai challenge !

Beaucoup de personnes recherchent dans la méditation un état de vide, de conscience pure. En réalité, la pensée est omniprésente, y compris dans la méditation. Grâce à elle, nous restons le témoin de l'expérience que nous vivons. Ainsi, la moindre reconnaissance d'une sensation, d'une émotion, d'un état, se donne sous la forme d'une pensée. Tout ce qui est conscientisé est relayé par la pensée.

Que faire des pensées spontanées, libres, non réfléchies qui émergent dans nos méditations ? Dès lors qu'elles sont en lien avec l'expérience que nous sommes en train de vivre, elles sont appropriées, y compris un souvenir qui serait, par exemple, déclenché par le chant d'un oiseau qui s'invite pendant la méditation.

---

1. Extrait de l'ouvrage *Un effort pour être heureux* (Bois D., *op. cit.*).

Quant aux pensées qui ne sont pas en lien avec la pratique, nous pouvons soit les laisser passer sans jugement ni réaction, soit les maîtriser, en détournant activement notre pensée vers la respiration, un mouvement intérieur, ou en imaginant une situation agréable et porteuse d'émotions bienveillantes.

PROPOSITIONS SOLLICITANT LA PENSÉE
Pour accéder à la pensée dans la méditation, nous pouvons d'abord décrire en chuchotant ce que nous sommes en train de vivre, puis cesser de chuchoter pour nous raconter silencieusement tout ce qui se rapporte à notre expérience. Enfin, de façon plus passive, nous nous laissons informer par la pensée qui se donne en lien avec la méditation.

L'imagination : je modifie mon atmosphère intérieure

L'imagination est la faculté à se représenter des images ou à évoquer les images d'objets déjà perçus ou non. Elle nous renvoie, parfois, à des souvenirs positifs ou négatifs qui ont été réellement vécus, ou nous projette dans des situations qui n'ont jamais eu lieu. Grâce à l'imagination, la personne peut voyager dans l'espace et le temps et éprouver des sensations en lien avec la situation évoquée.

PROPOSITIONS SOLLICITANT L'IMAGINAIRE
L'imagination peut être convoquée à partir de consignes simples, telles que : « Mettez-vous en contact avec un souvenir agréable », ou : « Laissez venir à votre conscience, sous la forme d'images, un souvenir passé qui a été important pour vous. »

La mémoire : j'utilise positivement mes souvenirs

La mémoire est la faculté de l'esprit à enregistrer, à conserver et à se rappeler les expériences passées. Elle est omniprésente dans la méditation, que ce soit de façon consciente ou non.

À travers la sollicitation de la *mémoire épisodique*, des souvenirs apparaissent dans la méditation en réactivant des séquences de notre vie qui remontent à la conscience. De façon générale, les personnes qui pratiquent la méditation apprécient peu cette irruption de souvenirs qui vient troubler leur recherche permanente du vide ou de l'absolu. Pourtant, l'émergence du passé, lorsqu'elle est en résonance avec les tonalités corporelles qui se donnent dans le moment de la méditation, s'avère appropriée.

Grâce à la *mémoire de travail*, plus spécialisée dans la gestion du moment présent, nous sommes tenus informés de ce que nous sommes en train de vivre. Elle constitue le point de départ de tout apprentissage de la méditation : aucune conscientisation ne serait possible sans cette forme de mémoire.

En fait, la mémoire instaure un référentiel à partir duquel nous reconnaissons et donnons sens à l'expérience que nous vivons. Nous sommes donc toujours conscients de quelque chose en lien avec un référentiel de départ, ou en lien avec des ressemblances, par un processus d'assimilation à l'idée que nous avons. Par exemple, lorsque nous vivons un état d'amour, nous le reconnaissons en référence avec l'amour humain que nous avons rencontré, même si, dans l'absolu, ces deux formes d'amour sont différentes.

Cependant, bien que la mémoire soit indispensable dans le processus de la pleine conscience, elle peut aussi représenter un obstacle à l'accès à la nouveauté. En effet, selon certaines personnes, le temps d'appropriation de l'information nouvelle demande un délai plus ou moins long. Ainsi s'engage dans la méditation, de façon consciente ou non, une négociation entre le neuf et l'ancien pour renouveler notre point de vue initial.

La *mémoire à long terme* est également sollicitée à l'occasion de l'apprentissage des différents mouvements, enchaînements codifiés (méditation active) et postures, qui demande une attention particulière.

Il existe aussi une *mémoire perceptive* souvent sollicitée dans la méditation, à l'occasion par exemple d'une musique, d'un parfum de fleur ou d'un chant d'oiseau qui nous renvoient à un souvenir, à une image ou à une séquence de vie.

> **PROPOSITIONS SOLLICITANT LA MÉMOIRE**
> Reprendre les propositions sollicitant l'imaginaire (voir p. 135), et y ajouter : « Situez le lieu, la période et les acteurs présents dans ce qui se donne à votre conscience, et voyez la résonance que cela entraîne au niveau de votre pensée, de votre émotion et de votre ressenti intérieur. »

La conscience : je sais que j'existe

Dans la méditation, c'est la conscience qui nous fait découvrir que nous existons et, plus spécifiquement, que nous existons comme « choses pensantes ». Cette connaissance doit servir de fondement et de modèle à toute forme de connaissance : l'existence de la conscience comme première certitude.

La personne qui médite est également capable de se saisir elle-même de façon immédiate. La conscience de soi est donc bien ce sentiment qui caractérise, pour un individu, la certitude de son existence. De fait, il est important de développer la pleine conscience dans son rapport au monde extérieur, mais aussi dans son rapport avec son intériorité vivante.

Dans le cadre de la pratique méditative, l'intention, associée à l'attention, vise toujours une tâche, un objet à accomplir. Il reste les consciences morale et universelle, qui font appel à la compassion, à la gratitude et à la bienveillance. La méditation de compassion permet, en effet, de déployer l'esprit autour de valeurs morales et humaines.

PROPOSITIONS SOLLICITANT LA COMPASSION
Cherchez ou, mieux encore, laissez venir à votre conscience le visage d'une personne que vous aimez particulièrement, ou une situation qui a été heureuse pour vous. Émettez envers elle des pensées positives.

La motivation : je développe mon appétit de vivre

Sommes-nous bien motivés pour nous lancer dans la pratique de la méditation ? La motivation est, en effet, nécessaire pour maintenir le cap de manière régulière et pour s'engager, de façon impliquée, dans la pratique méditative. Notre démarche risque, sinon, de ne pas porter les fruits escomptés.

On distingue trois types de motivation. L'une, *extrinsèque*, est inspirée par des circonstances extérieures. Dans ce cas, nous recherchons soit une récompense soit à répondre à une pression subie, voire à la peur de la sanction. L'autre motivation, dite *intrinsèque*, est conduite uniquement par notre intérêt et le plaisir que nous trouvons dans ce que nous faisons, sans attente particulière de récompense externe. C'est cette seconde forme de motivation qui génère le plus d'intensité ou d'autodétermination.

Enfin, il existe aussi la *motivation immanente*[1], qui se construit au contact de ce que nous avons vécu dans la méditation. Dans ce cas, il s'agit d'un appétit de vivre qui nous vient de l'intérieur. C'est au nom de ce que nous vivons et ressentons dans notre corps que nous continuons à déployer des efforts pour nous maintenir dans un état optimal.

La méditation pleine présence peut nous apporter une aide considérable lors de nos traversées du désert, ces périodes d'absence de motivation liées au sentiment de ne plus être capables de réussir, ou de ne plus voir de sens dans la vie. Ce que nous rencontrons alors dans la méditation, et dans les changements intérieurs qui en résultent, redonne le goût à la vie, et donc la motivation à vivre.

L'autodétermination définit l'aptitude à réguler ses comportements sur la base de ses intérêts personnels et de ses valeurs profondes. Grâce à cette disposition, nous avons une plus grande persévérance à l'effort et une meilleure santé physique

---

1. Concept mis au point par Danis Bois et développé dans Bouchet V., «La motivation immanente», mémoire de master en psychopédagogie perceptive, Université moderne de Lisbonne, 2006.

et psychique. Plus nous sommes autodéterminés, plus nous percevons les choses de façon positive, alors qu'un profil motivationnel non déterminé les perçoit de façon négative.

Enrichir sa sensorialité

L'attention nouvellement aiguisée permet à la personne de saisir des informations qu'elle ne percevait pas jusqu'ici. Vient le moment de comprendre le rôle de la sensorialité, omniprésente dans la méditation. Rappelons que la perception se définit comme l'acte de percevoir des informations sensorielles externes et internes. Cette fonction est outillée pour discriminer, catégoriser, associer, faire des analogies et des comparaisons, tout cela en amont de la réflexion, en temps réel de l'expérience.

Avant d'entrer de plain-pied dans la méditation, il faut rappeler la place de la sensorialité dans la pratique de la méditation pleine présence. Nous installons grâce à elle une qualité de rapport au monde qui nous environne, à notre propre corps, à nos ressentis, à nos pensées et à notre conscience.

Nous vivons chaque jour habités d'expressions sensibles que nous ne percevons pas. Il s'agit d'aller à la rencontre de cet univers intérieur, d'oser une prospection vers le dedans des choses, de s'aventurer au cœur de soi.

Le sens auditif : je développe mon écoute

Lors d'une méditation, nous commençons d'abord à solliciter le sens auditif à travers la perception de l'atmosphère sonore environnante qui apparaît en dehors de la salle, puis dans la salle. Progressivement, nous concentrons l'attention sur la qualité du silence collectif qui règne dans la salle grâce à la présence silencieuse du groupe. Puis, nous orientons l'attention sur la qualité du silence singulier que chacun vit à l'intérieur de lui-même.

Le sens visuel : je développe ma vision intérieure

Il s'agit d'orienter l'attention de la personne sur ce qui se donne à voir à travers les paupières closes, favorisant ainsi l'acuité du regard intérieur.

Le sens proprioceptif : je ressens mon corps

Le sens proprioceptif est sollicité dès lors que le pratiquant oriente son attention sur son corps et réajuste en conscience sa posture corporelle et son tonus.

Le sens intéroceptif : je ressens mon état interne

Ce sens interne et organique est sollicité dans la perception des tonalités intérieures telles que les sensations, les sentiments, et les émotions agréables ou désagréables.

Le tact interne : je sens que je sens, donc j'existe

Ce sens permet à la personne de prendre conscience de ce qu'elle ressent durant la méditation au niveau de son corps. Grâce au tact interne, le pratiquant est capable de se mettre en surplomb de son expérience de telle sorte qu'il ne se limite pas à sentir, mais à ressentir ce qui est senti. Cela est vrai pour les sensations – « je sens que je sens » –, mais aussi pour la pensée – « je perçois ce que je pense » – et pour tous les actes – « je me perçois dans l'action ». Grâce à cette capacité perceptive, la personne discrimine et prend en compte les phénomènes survenant en temps réel, ce qui favorise leur saisie, leur traitement et leur intégration avant tout jugement.

Approfondir ses qualités relationnelles

L'émotion : un lien nécessaire avec notre vie intérieure

Généralement, l'émotion n'a pas bonne presse dans le milieu de la méditation. Il est bon de la contrôler, de la maîtriser, car elle altère la conscience et génère des troubles intérieurs. La plupart d'entre nous ont probablement déjà fait l'expérience de voir leur raisonnement et toutes leurs capacités réflexives altérées sous l'emprise d'une émotion. Pour vaincre la charge émotionnelle à laquelle nous sommes confrontés quotidiennement (dans le monde du travail, dans la vie affective, en regardant un journal télévisé, dans la rue…), deux solutions s'offrent à nous. La première, quasi automatique et très répandue, consiste à nous créer une véritable cuirasse et à mettre une distance avec cette charge émotionnelle pour devenir insensibles et ne pas être touchés. Finalement, nous adoptons une posture froide face au monde. La seconde nécessite l'intention bien ancrée de transformer nos émotions en intelligence émotionnelle, c'est-à-dire de faire preuve de maîtrise de soi, d'ardeur, de persévérance.

Entrevue sous l'angle de la chaleur humaine, la mise en retrait de soi pour devenir moins vulnérable face aux turbulences n'est pas une attitude pertinente. On se coupe de l'émotion dans sa participation à notre équilibre et à notre vie relationnelle, mentale et comportementale. L'être humain a besoin des émotions[1] pour affronter certaines situations, pour nourrir son intellect, pour attester de la valeur de sa vie, voire pour se maintenir en vie ou en survie.

L'émotion est aussi faite pour communiquer avec l'extérieur. Lorsque nous rougissons ou pâlissons et que le tonus du corps réagit, il s'agit de l'expression visible de ce que nous ressentons.

Ainsi, les émotions ont à voir avec ce qui se vit à l'intérieur du corps. Sans elles, nous ne serions pas informés de nos états intérieurs. Elles constituent la base même de la communication, et le socle qui nous permet d'être présents à nous-mêmes. Nous prenons ainsi conscience que nous sommes tristes ou joyeux, tendus ou détendus, agités ou calmes, préoccupés ou tranquilles, pessimistes ou optimistes. Lorsque, dans la méditation, notre cœur est touché et s'allume, une émotion de félicité nous envahit, et enclenche la biologie du bonheur.

---

1. Bois D., *Le Moi renouvelé*, Ivry-sur-Seine, Point d'Appui, 2006, p. 194.

Le sentiment : une connaissance immédiate de soi

Le sentiment est la composante de l'émotion qui implique les fonctions cognitives de l'organisme, la manière d'apprécier. Il est constamment sollicité dans la méditation. C'est à partir des états vécus du corps que l'on capte l'état physique et psychique que nous sommes en train de vivre. Il s'agit d'une connaissance immédiate de soi, sans avoir recours au raisonnement. Ainsi, toutes les impressions organiques vécues dans le corps influencent l'état psychique. Nous savons, à partir de ce que nous ressentons, quel est notre état du moment : agréable ou désagréable, triste ou joyeux…

L'éprouvé : un vécu à questionner

Ce terme signifie à la fois la manière de ressentir – « éprouver une sensation », « avoir un sentiment agréable ou pénible » – et la façon de mettre à l'épreuve ce qui a été ressenti – « vérifier la qualité ou la valeur de ». Ce deuxième aspect dévoile la part active de l'acte d'éprouver. Il s'agit de prendre conscience de ce qui est ressenti de façon claire et distincte, d'en extraire les caractéristiques, les composantes, et d'en comprendre les significations. L'éprouvé est sollicité pendant et immédiatement après la méditation au sein d'un espace de parole qui questionne l'expérience, revisite ce qui a été vécu et permet de déployer un sens sous l'égide de la cohérence et de la justesse. Il ne suffit pas de vivre une expérience pour en apprendre quelque chose, la mettre en mots permet de la valider.

L'empathie : une façon d'entrer en relation avec autrui

L'empathie est sollicitée lorsque la méditation est orientée vers la compassion. Dans ce cas, la transposition en imagination consiste à orienter sa pensée vers une personne, à se mettre à sa place, et à émettre des pensées bienveillantes. Une autre façon d'entrer en relation avec autrui est de laisser venir, dans le déroulement de la méditation, un visage, une situation qui implique des personnes et, à partir du cœur, de transmettre des ondes positives.

L'intersubjectivité est une pratique où se joue l'empathie et signe la qualité relationnelle qu'un sujet conscient de lui-même instaure avec son propre corps. Le corps vécu dépend de la manière dont la personne l'habite et de l'attention qu'elle lui porte.

Entrons dans la pratique d'une méditation guidée

L'art du guidage verbal

Guider verbalement une méditation est un art. Cela nécessite une grande expertise dans la justesse du choix de la consigne. Il est primordial de respecter les temps de silence, fils conducteurs de la méditation. En réalité, la parole n'est là que pour illustrer et aider les personnes à poser leur conscience sur les effets produits par le rapport instauré avec le silence.

Le rythme de la parole doit prendre en compte un certain nombre d'étapes cognitives qui permettent d'appréhender la consigne. Un certain temps est, en effet, nécessaire pour saisir l'information, la comprendre et l'intégrer dans sa régulation et son action (temps d'assimilation, d'accommodation et d'appropriation).

La nature de la consigne peut prendre deux formes : prédéfinie (qui entre dans un schéma déterminé selon une chronologie préétablie), ou improvisée et inspirée par les phénomènes et enjeux qui apparaissent dans la méditation.

La prosodie est aussi très importante. Il ne s'agit pas de répéter des consignes apprises par cœur. Il est essentiel de les habiter, par une qualité de présence qui épouse l'atmosphère sensible émergeant de la méditation. La voix doit être chaleureuse, douce, lente, posée et doit venir du cœur et non de la tête.

Les consignes doivent aussi suivre une progressivité, afin de faciliter l'appréhension de la pratique. En ce qui concerne la méditation pleine présence, il est conseillé de suivre le protocole énoncé ci-après.

Enfin, en fonction de l'expertise du pratiquant ou de la qualité du silence collectif et individuel, les consignes s'espacent, laissant place au silence. En conséquence, il faut doser, de façon pertinente, ces temps d'intervention, ajuster en temps réel les propositions en écho à ce qui émerge pendant la méditation, jusqu'à s'effacer pleinement.

Dans cette forme de méditation guidée, les consignes ne sont ni suggestives ni inductives, et les personnes sont invitées à observer leurs perceptions sans jugement. En dehors de la sollicitation du contrôle mental, le méditant est invité à discriminer les moindres nuances qui apparaissent dans le champ de sa conscience à travers des propositions alternatives. Par exemple, pour l'ambiance sonore : «Est-ce bruyant ou silencieux ?» ; pour le sens visuel : «Y a-t-il présence d'une atmosphère colorée ou non ?» ; pour le sens proprioceptif : «La posture est-elle tendue ou détendue ?» ; pour la qualité de présence à soi : «Vous sentez-vous à distance de vous-même ou en proximité avec vous-même ?» ; pour la pensée : «Votre pensée est-elle agitée ou calme ?» ; et, enfin, pour le mouvement interne : «Ressentez-vous plutôt un état d'immobilité à l'intérieur de vous ou une animation ?» Ces instructions aident les personnes à discriminer leurs perceptions en temps réel, en évitant l'intervention de processus mentaux volontaires.

La durée de la méditation

La durée dépend du projet et du thème que nous souhaitons développer. Ainsi, par exemple, et notamment chez les débutants, nous pouvons consacrer le temps de la méditation à une seule thématique : le silence, le rapport au corps et à l'espace, la vision intérieure, la respiration… Dans ce cas, six minutes de méditation suffisent à se familiariser avec l'une des cinq thématiques exposées ci-après, qu'il est souhaitable d'effectuer dans l'ordre.

Pour les pratiquants plus familiarisés, la durée idéale est de vingt minutes. On peut, durant ce temps, explorer chacun des thèmes de façon plus rapide.

Une fois que chaque thématique est maîtrisée, les consignes de l'animateur se font de plus en plus rares et le temps réservé au silence absolu de plus en plus long. Le but de cette méthode d'apprentissage est d'amener le méditant à la pratique silencieuse. Et la durée, dans ce cas, sera définie par le pratiquant lui-même.

Balade au cœur de la pratique méditative

La méditation pleine présence est riche en propositions et en consignes ciblées sur les cinq thématiques suivantes, proposées de façon chronologique : le silence, la vision intérieure, la conscience corporelle, la pensée et la respiration.

Thématique n° 1 : se familiariser avec le silence

« Garder le silence »

Le silence est le premier support de la méditation. Sans lui, il serait difficile d'apaiser le mental et de se recueillir. La méditation impose un silence de cathédrale. Toute personne qui entre dans une église se met spontanément à chuchoter, à ralentir le pas afin de ne pas perturber l'atmosphère sacrée qui y règne. En fait, nous avons tous, à l'intérieur de nous-mêmes, un lieu silencieux qui porte cette valeur sacrée.

Mais, au-delà de cette symbolique, garder le silence est une décision, celle de se taire un moment, condition *sine qua non* pour se retrouver soi-même. Se taire, c'est aussi respecter l'atmosphère générale de la salle et favoriser ce lien d'empathie collectif.

La première consigne utilisée pour instaurer la qualité de silence est la suivante : « Chacun de vous participe à la qualité du silence collectif », et : « Le silence collectif participe à la qualité de votre propre silence. »

Se taire, c'est aussi accéder à la construction privée de sa pensée avant qu'elle ne se socialise à travers le verbe. Nous pouvons donc agir sur elle et en sélectionner le contenu. Une fois qu'elle est verbalisée, nous perdons le contact avec le moment de création de cette pensée. Nous pouvons ainsi, au creux du silence, modifier le cours de cette pensée et lui donner une orientation plus positive, davantage bienveillante et plus adaptée à la réalité.

« Écouter le silence »

Une fois que les participants sont familiarisés avec les consignes précédentes, les conditions pour l'écoute du silence sont requises. L'absence de bruit favorise l'émergence d'un silence humain, ou pour le moins habité par l'humain.

Écouter le silence sollicite d'abord une fonction auditive et spatiale. C'est pourquoi la première consigne oriente l'écoute vers l'atmosphère sonore environnante : « Posez votre attention sur le fond sonore qui provient de l'extérieur de la salle (les oiseaux, les bruits citadins ou autres). »

Puis, progressivement, nous invitons à revenir à un espace plus proche et notamment au niveau de la salle qui accueille la méditation : « Posez votre attention sur le fond sonore qui apparaît dans la salle (l'air conditionné, les enceintes du micro, le calme…). » Le but est, ici, de se familiariser avec le fond sonore pour ne pas réagir aux bruits qui pourraient nous déranger, mais au contraire pour les accueillir et les mettre en sourdine à l'intérieur de soi.

Enfin, une fois que cette atmosphère sonore objective est intégrée, nous passons à une dimension plus subjective et qualitative du silence.

La consigne «Écoutez le silence» est importante, car elle sollicite le sentiment d'altérité et de cohésion puisqu'il s'agit du silence collectif et pas seulement du sien. C'est la raison pour laquelle les consignes suivantes vont être successivement prononcées : «Chacun de vous participe à la qualité du silence collectif. Posez votre conscience sur la différence qui existe entre le silence d'une salle vide et le silence habité par votre présence. »

*«Observer le passage du silence vers la qualité
de présence à vous-même et à autrui»*

Une fois la qualité de silence installée, les participants sont invités à distinguer l'épaisseur et la texture du silence humain. En effet, le simple silence entrevu au début comme absence de bruit devient un silence humain, palpable par la conscience. Cette étape est importante, car elle traduit le passage entre le silence et la présence à soi et à autrui.

En côtoyant le silence dans la méditation, nous accédons à l'expression la plus proche de l'absolu, à un lieu de stabilité remarquable. Le silence est réellement un point d'appui, une forme d'apnée de conscience qui nous permet de percevoir la moindre nuance en termes de pensée, d'émotion, de sensation et de sentiment.

Avec lui, nous sommes plus attentifs et voyons plus clair. Mais surtout, lorsqu'il est habité par une présence humaine, il s'accompagne d'un principe de force naturel. D'abord immobile et de repos, le silence s'anime ensuite d'un mouvement lent et global, d'où provient le mouvement interne dans notre corps, et bien au-delà de notre corps. C'est ce mouvement interne qui éveille les qualités du cœur entraînant une émotion douce et apaisante, un sentiment de bonheur intérieur et une propension à la compassion et à la bienveillance. Les qualités de l'esprit sont également majorées au contact de ce silence en mouvement, générant un sentiment de calme, de tranquillité et de sérénité. Lorsque les qualités du cœur et de l'esprit s'alignent, la personne ressent un sentiment de plénitude, justifiant l'appellation de «pleine présence» à la manifestation de la chaleur humaine qui se trouve en chacun.

Thématique n° 2 : la vision intérieure

« Fermer les paupières »

Dès le début de la méditation, les participants sont invités à fermer les yeux ou, plus exactement, à laisser les paupières, relâchées, se déposer devant leurs yeux. Celles-ci ne se plissent pas, les yeux ne cherchent rien, il n'y a aucune intention de voir quelque chose de particulier, car tout focus serait un obstacle à la perception visuelle.

Fermer ainsi les paupières est une invitation à mettre en suspens sa volonté de voir ce qui est déjà connu pour s'ouvrir à ce qui va émerger de cette expérience. Cette action, qui semble en apparence minimaliste, est pourtant porteuse de décisions importantes et du désir d'atteindre un objectif précis. Baisser les paupières manifeste la décision de tourner son attention vers soi, d'entrer en relation avec son intériorité et de consacrer du temps au recueillement. Décider de fermer les paupières est un acte important, qui signe le désir de se mettre provisoirement en retrait de l'agitation et de l'attraction du monde extérieur.

Au-delà de cette décision, c'est aussi une autre façon de solliciter le sens visuel. En effet, la majorité des personnes pensent qu'il n'y a rien à voir lorsque les yeux sont fermés. Au contraire, les méditants sont étonnés de voir apparaître une atmosphère colorée qu'ils ne soupçonnaient pas. La luminosité du jour ou de l'éclairage de la salle s'atténue et donne une atmosphère tamisée propice à la méditation. Une fois le regard habitué à cette atmosphère tamisée émerge tout un univers coloré et mouvant qui surprend à chaque fois la personne qui médite. Le plus souvent, la couleur qui apparaît est bleutée.

Il est possible de distinguer l'immobilité ou la mobilité de cette atmosphère colorée. Dans le cas où le pratiquant voit un mouvement coloré, il perçoit la présence du mouvement interne qui l'anime à l'intérieur de lui.

Enfin, tout en maintenant ses paupières fermées, la personne peut orienter à sa guise son regard : vers le haut, il est projeté vers le monde extérieur, vers le bas, il est porté vers l'espace intérieur. Orienté vers le milieu, le regard capte un lieu qui est à la fois dedans et dehors, disponible à tout ce qui se donne.

Thématique n° 3 : la conscience corporelle

« Poser votre attention sur l'immobilité de votre posture »

Chaque type de méditation adopte une posture corporelle dont la signification et la symbolique lui sont propres. La méditation pleine présence ne déroge pas à cette règle, et la particularité de ce qui se joue au cœur de cette posture en fait sa spécificité.

La personne peut choisir la posture de son choix : elle peut être allongée, assise dans un fauteuil ou sur une chaise confortable, ou encore en position de lotus pour ceux qui sont coutumiers de la pratique du yoga. Quelle que soit la posture, l'immobilité doit être la plus parfaite et la plus relâchée possible.

La position assise est la plus fréquemment adoptée. La personne a le choix de garder les mains croisées devant le bassin ou de les appliquer à plat sur ses cuisses, de poser ses pieds croisés ou à plat sur le sol.

Mais dans tous les cas, le dos doit garder une position neutre (trop de rectitude ou trop de flexion nuisent à l'efficacité de la méditation) et la tête doit se trouver dans le prolongement global de la colonne vertébrale, dans une économie de tensions et de tonus musculaires. Il convient de trouver une position dans laquelle on se sent bien, sans effort ni douleur, de façon à éviter tout mouvement, même infime, durant la méditation (y compris au niveau de la tête et du cou) qui viendrait affecter la stabilité de notre présence.

La posture immobile est primordiale et porte plusieurs significations. Rester immobile, c'est d'abord renoncer, durant un instant, à l'agitation du monde extérieur et accepter de s'offrir un temps de repos dans un face-à-face avec soi. C'est aussi un point d'appui qui participe à l'installation de la qualité du silence collectif. L'immobilité de la posture révèle, par contraste, la présence du mouvement interne dans le corps. Mais pour cela, l'immobilité doit être maintenue dans un état de relâchement suffisant, afin de concilier une perméabilité et un tonus adéquats permettant au mouvement d'apparaître.

L'immobilité de la posture a une réelle incidence sur la sphère psychique. Par un phénomène de contagion entre le corps et l'esprit, l'immobilité crée un sentiment de stabilité et de solidité qui entraîne, dans son sillage, des états de tranquillité, de calme et de sérénité tout à fait palpables en soi et dans le groupe.

« Poser votre attention sur le positionnement de votre corps »

Une fois passées les étapes précédentes, l'animateur donne des consignes qui visent à faire revenir progressivement l'attention de la personne vers son propre corps.

En ce qui concerne le rapport au corps, un ensemble de consignes proposées – de la plus simple à la plus complexe – permettent d'aider la personne à situer son corps dans l'espace, puis à entrer en relation avec sa posture corporelle, avant de pénétrer à l'intérieur de son corps et de se mettre à l'écoute des sensations, des sentiments et des états qui se donnent dans cette expérience. Chaque consigne se fait selon un rythme qui laisse le temps à chacun d'enregistrer l'information, de la comprendre et de la réaliser.

« Situer votre positionnement dans l'espace environnant »

Cette consigne vise à aider la personne à se situer dans l'espace et à affirmer sa présence dans le groupe en tant qu'elle, et non quelqu'un d'autre. La consigne utilisée est la suivante : « Situez votre positionnement dans l'espace environnant. Êtes-vous situé plutôt à droite, plutôt à gauche, plutôt en avant, plutôt en arrière (par rapport au positionnement de l'animateur) ? » Il est aussi possible, à ce stade, de demander de se situer par rapport aux murs et au plafond de la salle, ou par rapport au groupe.

« Prendre soin de la posture neutre de votre colonne vertébrale »

L'animateur attire l'attention du pratiquant sur la posture qu'il a adoptée spontanément au niveau de son tronc, de ses membres supérieurs, de ses mains, de son bassin, de ses membres inférieurs ainsi que de ses pieds. Il évoque chaque région anatomique avec lenteur, et la personne, en conscience, réalise un état des lieux de sa posture. L'animateur apporte d'éventuelles informations correctives, telles que : « Prenez soin de la posture neutre de votre colonne vertébrale, veillez à ce qu'elle ne soit ni trop en rectitude ni trop relâchée », ou encore : « Veillez à ce que votre tête soit dans le prolongement de votre colonne vertébrale, trouvez le lieu de neutralité et de relâchement musculaire. »

«Faire un zoom sur les appuis de votre corps»

L'animateur oriente l'attention du pratiquant sur les appuis de son corps dans la position assise. Là encore, il fait un état des lieux au niveau des appuis éventuels du dos sur le dossier, du bassin et d'une partie des cuisses sur la chaise, des avant-bras ou des mains sur les cuisses, et des pieds sur le sol.

*«Faire un zoom sur le contenu
de votre volume thoracique»*

Cette consigne suggère au pratiquant de faire un zoom sur ses différents espaces intérieurs, de façon à créer un rapport tridimensionnel avec son volume corporel. Progressivement, il attire l'attention sur le contenu: cœur, poumons, viscères abdominaux, cerveau, etc. Il peut également, à l'occasion de cet état des lieux, proposer de contacter la densité, le poids et la chaleur de chaque région.

«Que se passe-t-il au niveau de votre ressenti corporel?»

La consigne précédente a ramené l'attention sur le corps, il s'agit maintenant de pénétrer en son sein et d'accéder à sa profondeur pour mettre au jour les nuances de l'intériorité, les états intimes du corps et toutes les informations en relation avec le mouvement interne.

«Maintenant, posez votre attention sur votre corps. Que se passe-t-il au niveau de votre ressenti corporel?» Les consignes visent à orienter l'attention du pratiquant sur les états de son corps, par exemple: «Prenez conscience des zones qui sont tendues ou relâchées dans votre corps, douloureuses ou agréables… », ou encore : « Veillez à préserver la qualité du relâchement dans le maintien de votre posture immobile. »

Il est demandé de zoomer sur les ressentis du corps et de son intériorité : « L'état que vous ressentez est-il tendu ou relâché, agréable ou désagréable ? » Puis, progressivement, les consignes se portent sur une dimension plus profonde de l'expérience : « Quel est le sentiment que vous ressentez ? Un sentiment de calme ou d'agitation ? De tranquillité ou de préoccupation ? De solidité ou de vulnérabilité ? De sérénité ou d'anxiété ? » Il est important, à ce stade, que la consigne propose deux états opposés, pour mettre davantage en contraste les différents vécus.

Le travail sur la conscience corporelle invite à explorer les différents ressentis à partir de certaines consignes, dont : « Ressentez-vous ou non la présence d'une animation à l'intérieur de votre corps ? Si oui, êtes-vous en mesure d'en définir la localisation, la vitesse, les orientations et l'amplitude ? Quel est l'état que vous rattachez à cette expérience ? »

Thématique n° 4 : la pensée

« Que se passe-t-il au niveau de votre pensée ? »

Une fois la stabilité installée à travers la posture, et le rapport au silence puis une certaine qualité de présence instaurés à travers le déploiement d'un rapport au corps et au ressenti corporel, il est temps d'observer ce qui se passe au niveau de la pensée.

Cette consigne vise à orienter l'attention sur les pensées qui apparaissent à la conscience du méditant. Le rapport à la pensée nécessite une phase d'observation qui vise à évaluer l'atmosphère générale de la pensée : créative ou répétitive, contrôlable ou incontrôlable, tranquille ou agitée. Certaines pensées sont légitimement ressenties comme un obstacle à la quiétude recherchée dans la méditation, surtout lorsqu'elles entrent dans le registre de la critique (jugement, comparaison, insatisfaction des besoins) et sont pourvoyeuses de négativité.

Le rapport à la pensée est délicat pour la majorité des méditants. En effet, souvent ils recherchent le vide ou l'absence de pensée à travers la méditation. Pourtant, la pensée y est omniprésente. C'est elle qui nous informe de l'état que nous sommes en train de vivre, c'est à travers elle que nous prenons conscience de ce qui se passe dans la méditation. En fait, la pensée est en adéquation avec la méditation lorsque son contenu est en rapport avec l'expérience qui s'y donne. À l'inverse, une pensée parasite est une pensée qui n'a pas de lien avec l'expérience en train de se vivre. Dans ce cas, il est nécessaire de reprendre les rênes de sa pensée, et de la « muscler » pour l'orienter autrement.

Dans cette dynamique d'ensemble, il est bon d'orienter l'attention de la personne de façon chronologique, du plus simple au plus complexe, et du global vers l'analytique. La consigne « Posez votre conscience sur votre pensée » est globale et reste à la portée de tous.

Lorsque le pratiquant vit intensément la méditation, il a le sentiment de ne plus penser : sa pensée est discrète mais reste cependant active dès lors que la personne pose un acte de conscience ou de conscientisation de l'expérience qu'elle vit. La pensée participe à l'acte de conscience.

Une autre consigne globale peut être proposée : «Observez l'atmosphère de votre pensée.» Nous invitons ainsi le pratiquant à poser son attention sur la nature de sa pensée : est-elle discrète au point de ne pas la percevoir, ou au contraire envahissante, l'empêchant d'explorer profondément son état ?

En fonction de la nature de la pensée, le pratiquant a le choix de la contrôler ou de la laisser passer sans jugement, ce qui donne lieu à la consigne suivante : «Dans le cas où votre pensée est gênante, faites le choix de l'orienter ailleurs, par exemple vers des pensées positives ou des souvenirs agréables», ou bien : «Laissez venir à votre conscience, sous la forme d'images, un souvenir passé qui a été important pour vous.» En revanche, si la pensée se déroule sous la forme d'un flux spontané, agréable et calme, il est proposé de la laisser se dérouler sans l'influencer.

Mais le plus souvent, le méditant perçoit que sa pensée est discrète et que l'atmosphère de solidité, de tranquillité, et de sérénité génère une pensée qui est de même nature. De là découle une pensée bienveillante, que l'on peut orienter vers autrui. Nous entrons alors dans la méditation de la compassion : «Orientez votre pensée positive vers un être cher.»

Durant la méditation, l'atmosphère tend à l'optimisme et la pensée qui se donne est créative et permet d'entrevoir une situation complexe sous un autre angle. C'est le moment de mobiliser sa pensée et de nourrir sa réflexion vers la résolution de la problématique : « Orientez votre pensée positive vers la résolution d'un problème qui vous touche. »

Thématique n° 5 : la respiration

« Que se passe-t-il au niveau de la respiration ? »

Première option

Généralement, la respiration constitue le support de toutes les formes de méditation. Poser son attention sur sa respiration est un geste facile à réaliser. Il suffit de prendre conscience du flux naturel de sa respiration, puis d'augmenter progressivement l'amplitude de la respiration (inspirations et expirations plus lentes et d'une durée plus longue). Ainsi, nous inspirons lentement pendant cinq secondes, en commençant par gonfler le ventre puis la cage thoracique. Ensuite, nous expirons dans la même durée en rentrant le ventre et en réduisant le volume de la cage thoracique. Il faut veiller à marquer un léger temps d'arrêt en réalisant une apnée en inspiration et en expiration. Cette pratique est à répéter une dizaine de fois. Il est possible d'y ajouter quelques variantes, en respirant uniquement par le nez ou en alternant une respiration nasale et buccale.

En fait, la méditation pleine présence commence rarement par une concentration sur la respiration. Cette approche est uniquement utilisée lorsque la personne vit un état d'anxiété et qu'elle ne parvient pas à entrer facilement en relation de présence avec son intériorité.

Deuxième option

La respiration est, au contraire, mise de côté. Moins on s'occupe de la respiration, mieux c'est. Si bien que le corps respire à son rythme et selon son amplitude. En procédant ainsi, l'attention étant portée sur d'autres tâches, la personne oublie qu'elle respire. C'est la condition idéale pour que la conscience soit disponible à la présence du mouvement interne et à tous les phénomènes qui se donnent au niveau des sens auditif, visuel et corporel. En effet, effectuer une respiration volontaire accapare l'attention sur cette fonction et empêche la conscience d'être disponible ailleurs. C'est ce que la personne découvre lorsque, au plus fort de la méditation, l'animateur attire l'attention du pratiquant sur cette liberté respiratoire émancipée de tout contrôle volontaire. Le « Posez votre attention sur la respiration » n'est là que pour permettre à la personne de constater que son corps respire tout seul. L'absence de contrôle de la respiration, tout comme le silence et l'immobilité de la posture, sont les conditions indispensables pour percevoir le mouvement interne dans le corps.

Troisième option

À la fin de la pratique méditative, il est demandé d'effectuer un certain nombre de respirations pour, en quelque sorte, revenir à une conscience normale, de façon graduelle. Cette étape se finalise par une respiration volontaire qui associe une gestuelle en conformité avec l'inspiration, l'expiration et l'apnée. En effet, il est demandé d'accompagner l'inspiration (qui se déroule en cinq secondes) d'une extension de la colonne vertébrale (creuser le dos lentement). Durant l'expiration, la personne effectue un mouvement de flexion (courber le dos lentement vers l'avant). La synchronicité entre la respiration et le geste amplifie la conscience corporelle. Cet exercice fait partie de la méditation gestuelle et peut aussi être utilisé comme préalable à la méditation pleine présence.

Comment pratiquer seul chez soi

8. Choisissez la pièce la plus calme ou celle que vous préférez. Elle ne doit pas être trop exposée à la lumière, ni trop sombre. Le mieux est de se trouver dans une lumière tamisée et non agressive. L'environnement sonore est également important. Les bruits provenant de la nature offrent des conditions optimales mais, en ville, le lieu le plus propice sera probablement le plus silencieux.

9. Asseyez-vous confortablement en adoptant une posture neutre, ni trop relâchée, ni trop tendue. Faites de petits réajustements pour trouver la posture la plus économe en termes de tensions musculaires, de douleurs et de tonus. Recherchez le relâchement et adoptez une posture immobile mais pas figée. Il s'agit d'une immobilité de repos. Veillez à ce que cette posture reste immobile et relâchée durant tout le déroulement de la méditation. Faites un zoom sur la posture que vous avez spontanément adoptée. Quelle est la position de vos jambes, de vos bras, de votre tête, de votre thorax?

10. Prenez la décision de fermer les paupières, de garder le silence et d'adopter une posture immobile.

11. Vous écoutez maintenant l'atmosphère sonore environnante. C'est le moment pour vous de distinguer les chants des oiseaux, le vent dans les feuillages, les bruits de l'extérieur… Posez votre attention sur ce qui vous fait du bien, et laissez de côté les bruits parasites qui viennent de l'extérieur (si l'atmosphère sonore extérieure pose problème, alors mettez une musique de votre choix, de préférence douce et apaisante). Progressivement, l'attention qui était orientée vers l'extérieur se dirige dans la salle que vous avez choisie pour ses qualités de tranquillité. Vous écoutez l'ambiance de votre pièce. Prenez le temps d'apprécier cet instant privilégié où vous constatez que vous ne faites pas que vivre dans une maison, mais que vous l'habitez en présence, tant et si bien que vous ressentez cette présence. C'est le moment où le silence se transforme en qualité de présence. Appréciez le repos que vous offre cette immobilité physique et psychique.

12. Vient le moment de poser votre attention sur ce qui apparaît à travers vos paupières fermées. Vous serez surpris de voir qu'à travers vos paupières transparaît la lumière du jour, la lumière de l'éclairage de la pièce, de façon tamisée. Observez un instant cette ambiance colorée, et peut-être qu'alors le fond coloré changera de couleur : une couleur bleutée, violette ou indigo – ou une autre couleur, différente de la lumière du jour. Restez un instant à contempler ce qui se donne à votre vision

intérieure. Cette nouvelle luminosité est-elle située en avant ou en arrière de vos yeux, ou dans tout le corps, ou en dehors et en dedans de vous ?

13. Cette luminosité est-elle immobile ou au contraire animée d'un mouvement ? Dans le second cas, posez votre attention sur la vitesse de ce mouvement, sa localisation, son amplitude et ses orientations. Parfois, le mouvement est présent uniquement à l'extérieur de notre corps, à d'autres moments, il est plutôt situé à l'intérieur du corps. Il arrive aussi souvent que ce mouvement soit autant à l'extérieur qu'à l'intérieur du corps.

14. Posez maintenant votre attention sur votre espace intérieur : que ressentez-vous à ce moment précis ? Vous pouvez, si vous le souhaitez, faire un état des lieux des organes qui occupent le volume de votre corps. Vous pouvez commencer par le cœur, les poumons, les viscères abdominaux, le cerveau, et vivre votre corps en trois dimensions. Vous pouvez aussi passer tout de suite aux effets que produit la circulation du mouvement interne à l'intérieur de toutes les parties anatomiques de votre corps, et qui éveillent votre fibre sensible.

15. Comment nommeriez-vous ce que vous êtes en train de vivre ? Un état de détente ou de tension, un état de calme ou d'agitation, un état de tranquillité ou de préoccupation, un état de solidité ou de vulnérabilité, un état d'amour ou d'indifférence, un état d'ouverture ou de fermeture ? Faites la distinction par contraste entre ces différents états, et validez votre état.

16. Maintenant, posez votre attention sur ce qui se passe au niveau de votre pensée. À ce stade de la méditation, en raison de l'atmosphère que vous avez installée à l'intérieur de vous-même, vous avez le sentiment que votre pensée est devenue discrète au point de l'avoir oubliée. Vous pouvez rester dans cet état et profiter de ce calme qui maintenant vous entoure et vous habite. Au cas où la pensée serait prégnante et peut-être perturbante, décidez d'en reconnaître l'atmosphère gênante et prenez la décision d'en changer la direction. Vous pouvez par exemple décider de penser à quelque chose qui vous fait du bien, de vous souvenir d'une situation que vous avez aimé vivre. Vous avez la possibilité de faire ce choix. Vous pouvez aussi orienter votre pensée vers une personne qui vous est chère ou vers une problématique que vous souhaitez dénouer. C'est le moment de le faire, car votre pensée est animée d'un nouvel optimisme et porte une force de résolution et d'interaction.

17. Il est temps de poser votre attention sur ce qui se passe au niveau de votre respiration. Elle est discrète, se produit toute seule et ne rompt pas le repos que vous vivez dans votre intériorité mouvante et émouvante.

18. Nous devons clore cette méditation. Vous êtes ici et nulle part ailleurs, vous êtes présent au présent, et rien du passé ou de l'avenir ne vient vous perturber. Vous vous sentez présent à vous-même, présent au moment présent. Vous habitez l'espace et votre temporalité, personne d'autre ne peut ressentir ce que vous ressentez.

Ce que vous vivez est unique. C'est votre manière de le vivre.

19. Il est temps de poser votre attention sur le flux normal de votre respiration et de l'accompagner passivement un instant. Si vous souhaitez sortir de votre profondeur pour vous préparer à la vie quotidienne, vous pouvez réaliser une respiration plus volontaire, plus ample. Durant l'inspiration, vous gonflez pendant cinq secondes le ventre et la cage thoracique en respirant par le nez, ou par le nez et la bouche de façon alternée. Durant l'expiration, vous creusez le ventre et videz la cage thoracique. Vous faites cela une dizaine de fois.

20. Puis, vous terminez en associant un mouvement d'extension et de flexion de votre dos de façon synchrone à la vitesse de votre respiration. Vous vous étirez longuement et avec lenteur.

Conclusion

De nouvelles aspirations existentielles apparaissent, tant dans la relation à soi que dans la relation aux autres et au monde, dans un espoir de mieux vivre et d'un meilleur vivre-ensemble.

La méditation prend une place de plus en plus importante dans ces alternatives. Elle est devenue, dans notre société, une alliée pour la conquête de soi, la maîtrise de son esprit et de ses émotions, et le savoir-vivre ensemble.

La méditation pleine présence, pour sa part, invite l'homme à soigner sa relation avec ce qui fonde ses instances les plus intimes et universelles : sa nature humaine. Celle-ci représente l'essence de l'homme, par définition immuable et inaltérable, et porte un principe de force, un désir et un appétit de croissance qui participent à aller d'un état d'imperfection vers un état de perfection.

Mais si l'être humain est conçu pour aller vers le meilleur de lui-même, cela ne suffit pas, et il lui faut un projet et une détermination qui permettent d'ouvrir son accès à la chaleur humaine et de développer ainsi le rapport à sa propre humanité et son expression dans le monde. Dans cette perspective, aller vers les autres implique d'abord un retour à soi : changer soi-même avant de changer le monde, être présent à soi pour être plus présent aux autres et, plus encore, connecter sa propre chaleur humaine pour l'exprimer davantage envers autrui.

Ainsi, la véritable signature de cette méditation repose sur l'accès, à travers la pleine présence, au mouvement interne, véritable foyer qui anime le cœur de la chaleur humaine et fait se sentir vivant, comme dans les meilleurs moments de l'état amoureux, plein d'élan et de confiance, empli de douceur et de chaleur, de la force et de la tranquillité qui permettent d'affronter les turbulences de la vie.

Vivre en pleine présence, c'est ainsi être en lien avec une force vive, dans un état intérieur qui permet à chacun de dépasser en conscience sa solitude et de répondre à l'aspiration d'une vie augmentée.

Mon carnet de bord

Ce carnet de bord a pour vocation de vous guider lors de votre pratique. Il fournit les indications nécessaires pour observer, apporte des repères pour évaluer la proximité que vous entretenez avec votre intériorité, et des jalons pour vous servir de guide dans ce cheminement invisible. Au fil de la pratique, de nombreux paramètres vont évoluer, et reconnaître ces changements vous aidera à vous situer dans le travail qui s'opère en vous.

Une fois ces différents éléments intégrés, il est suggéré d'écrire un journal de bord, car cette expérience, constituée de multiples sensations et réflexions, peut rester dans un flou artistique ne permettant pas de restituer tout le suc et le sens contenus en elle – ce qui serait franchement dommage !

Mettre en mots cette expérience sensible va vous aider à mieux la cerner, à dévoiler ce qui n'apparaissait pas de prime abord, à en tirer du sens et à en apprendre quelque chose. À travers ce journal, vous prendrez acte de votre évolution au fil des méditations, ce qui sera une merveilleuse façon de mieux vous connaître.

Il sera le recueil de l'expérience qui se donne dans votre corps pendant la méditation : le mouvement, les états, les nuances de ce processus qui conduit d'un état à un autre état, l'expérience qui se donne, les réflexions qu'elle suscite, les questions qui peuvent apparaître, les difficultés éprouvées, et tout ce que vous en avez retiré.

Ce journal de bord, témoin de votre évolution personnelle et de vos prises de conscience progressives, sera un partenaire majeur sur le chemin de l'exploration de vous-même.

Première étape : quels sont mes ressentis avant de commencer ?

☐ Agité	☐ Tendu	
☐ Joyeux	☐ Triste	
☐ Tranquille	☐ Énervé	
☐ Calme/paisible	☐ Morcelé	
☐ Détendu/Relâché	☐ En proie à des pensées parasites, des idées fixes	
☐ Unifié	☐ Angoissé	
☐ Bien-être physique	☐ Mal-être physique	
☐ Centré	☐ À côté de moi	
☐ Esprit agité	☐ Esprit calme	
☐ Présent dans mon corps	☐ Dans ma tête	
☐ Autre :		

Deuxième étape : qu'ai-je ressenti pendant la méditation ?

Immobilité et relâchement du corps et de la pensée

* Est-ce que j'arrive à me détendre tout en étant immobile ?
* Est-ce que j'arrive à me poser, à ne pas m'accrocher à mes pensées ?

Accès au silence

* Quelle qualité de silence suis-je capable d'installer en moi ? Autour de moi ?
* Les bruits autour de moi déclenchent-ils un effet en moi ? Me déstabilisent-ils ? Ou ne me perturbent-ils pas du tout, ma stabilité permettant de les absorber ?

Attention et présence

* Mon attention est-elle focalisée ou étendue à l'ensemble du corps, des pieds à la tête ?
* Ai-je le sentiment d'être présent à moi-même ? D'être plus proche de moi ? D'avoir une présence en moi ? Ma présence est-elle stable ou fluctuante (en fonction des bruits extérieurs ou de mes pensées) ?

Accès à l'intériorité

* Est-ce que je ressens mon espace intérieur ? Une profondeur ?
* Suis-je touché, concerné dans mon intériorité ?

Le mouvement interne

- Est-il là ou non ? Comment s'exprime-t-il ?
- Vitesse : est-ce que je ressens la lenteur uniforme du mouvement ?
- Orientation : à quels endroits de mon corps le mouvement est-il passé ? Quelles étaient ses orientations ? Où était-il présent ? Est-il passé d'une zone à une autre ? Y a-t-il eu plusieurs phases ?
- Amplitude : comment la sensation d'amplitude du mouvement a-t-elle évolué ?
- Le mouvement est-il resté à l'intérieur de mon corps ?
- Le mouvement est-il devenu plus grand que moi ?
- Y a-t-il eu une sensation de dilatation vers l'extérieur ou en profondeur ?
- Le mouvement concernait-il la matière ou non ? Était-il global ? Ai-je perçu la couleur bleue ? Ou ressenti de la chaleur ?
- Sa consistance était-elle épaisse, avec une résistance, ou liquide, aérienne ?
- Quelle forme avait-il ? Linéaire ou circulaire ?

Les états de la matière

- Comment est-ce que je perçois ma matière ? Immobile ? Mobile ? Dure ? Malléable ? Fluide ?
- Est-ce que la sensation de mouvement est aérienne ? Fluide ? Épaisse ? Très épaisse ?
- Est-ce que je ressens de la chaleur ou du froid ?

- Ai-je une sensation de globalité, d'unité, d'accordage entre les différentes parties de mon corps ? Entre mon corps et mon esprit ? Est-ce que cet état me donne une impression de stabilité et de solidité ?

Perceptions visuelles, les yeux fermés

- Est-ce noir, gris, blanc ? Y a-t-il plutôt des couleurs ? Des formes en mouvement ? Des images ?

La sensation d'espace

- Le travail s'effectue-t-il uniquement au sein des contours de mon corps ?
- Y a-t-il une sensation de déploiement, de dilatation, d'expansion vers l'extérieur ?
- Y a-t-il une sensation de déploiement, de dilatation, d'expansion vers la profondeur ?
- Y a-t-il une sensation d'être à la fois très présent en soi et en continuité avec l'espace au-dehors, d'être présent dedans et dehors à la fois ?

Mon Imaginaire

- Ai-je perçu des images du passé, symboliques, inconnues ? Ou diverses informations visuelles ou auditives ?

Mon atmosphère intérieure

- Tranquillité Paix
- Sérénité Calme
- Douceur Saveur

- Bonheur Plénitude
- Joie Amour
- Confiance Sécurité
- Stabilité Solidité

Mes pensées

- Est-ce que j'arrive à prendre de la distance avec mes pensées habituelles ?
- Des pensées émergent-elles spontanément ? Des points de vue ou des informations signifiantes sur ma vie, ou sur la vie en général ?
- Des réflexions sur ma vie, ou sur la vie en général ont-elles émergé ? Des pensées porteuses de sens, de créativité ?

Mon sentiment d'exister

- Est-ce que j'éprouve un fort sentiment d'exister ? Le sentiment d'exister pour moi-même ? En moi-même ?

Troisième étape : comment je me sens après la méditation ?

À la fin de la méditation, je prends un temps pour valider les effets du travail. Y a-t-il du mieux ? En quoi ?

Quatrième étape : ai-je appris quelque chose ? Et quoi ?

Lors de la méditation pleine présence, de nombreuses sensations apparaissent, parfois très savoureuses. L'état dans lequel on se trouve est bien souvent si agréable qu'il se suffit à lui-même et permet de passer une journée avec de la distance, sans se faire absorber par tout ce qui survient. Cependant, dans un objectif de développement de soi, cette phase de réflexion sur l'expérience est importante, parce qu'elle va nous permettre de déterminer ce que l'on a appris à travers la mise en lien des sensations, des états et des pensées.

Exemple de prise de conscience : « Quand je ressens une unité entre le corps et l'esprit, je me sens stable et solide, je me sens plus fort et capable de m'adapter aux aléas de la vie. » La prise de décision est la phase prolongeant la prise de conscience – «je souhaite installer cet état en moi» –, suivie par le passage à l'action – «je médite quotidiennement pour retrouver et installer cet état en moi durablement».

Cinquième étape : j'écris mon journal de bord, mémoire de mon aventure intérieure

Ce journal est un moyen de mieux se connaître, de garder la trace des étapes que nous franchissons, de constater l'évolution du processus et d'enraciner l'expérience à travers des mots. Il permet d'observer les progrès, les difficultés, et d'affiner notre regard à propos de notre vécu. L'écriture est un bon moyen de ne pas oublier ces expériences, de les intégrer et de permettre ainsi un apprentissage plus rapide.

Glossaire

Activité spirituelle

Pensée cherchant à se former une conception des choses échappant au raisonnement et à la science, contrairement à l'activité intellectuelle, qui s'applique à comprendre la nature physique des choses, en obéissant aux règles de la raison et de la science.

Compassion

Elle se définit comme « le désir de remédier à la souffrance d'autrui et à ses causes ». Matthieu Ricard dit ainsi : « Rechercher le bonheur uniquement pour soi est la meilleure façon de ne rendre heureux ni soi-même ni autrui[1]. »

Laïcité

Est « laïc » ce qui est indépendant de toute conviction religieuse. La laïcité est l'état neutre entre les religions, tolérant

---

1. Ricard M., *L'Art de la méditation, op. cit.*, p. 20.

envers tous les cultes. C'est aussi une conception politique impliquant la séparation de la société civile et de la société religieuse. La laïcité devient alors une valeur assurant le lien social et la liberté de conscience. La liberté de conscience donne le droit au citoyen d'avoir et de pratiquer la religion de son choix, comme de ne pas avoir de religion et d'être agnostique ou athée. La laïcité a sa propre vertu, voire sa propre sagesse. L'athée doit prendre connaissance de ce que la science lui enseigne sur la nature humaine. Il ne se limite pas aux données immédiates des sens et implique la conscience par la compréhension et le jugement. Dans cette perspective, la laïcité invite à construire sa vie au lieu de la subir et relève du jugement de la conscience. La morale laïque n'a besoin ni de religion, ni de l'athéisme. Ce qui est sacré pour un laïc, c'est le respect de la dignité de l'homme, de la femme et de l'enfant, et le respect de leurs droits, de leur liberté de penser.

« Je sens que je sens »

Philosophe français, Maine de Biran (1766-1824), place la subjectivité au cœur de sa philosophie. Son cogito dépasse l'acte de sentir, de percevoir, de penser, et implique un sujet actif qui s'aperçoit ressentant, percevant, pensant. Dans cette perspective, le terme « sentir » s'étend à ce que nous pouvons éprouver, apercevoir et connaître en nous et hors de nous. Il désigne cette sorte de vue intérieure par laquelle l'individu perçoit ce qui se passe en lui-même.

Nature humaine

Deux tendances s'opposent. La première défend l'idée que si « être homme » signifie « être humain », alors on ne naît pas humain, on le devient – cela s'apprend en quelque sorte. Dans cette perspective, l'homme est inséparable de la culture et de la vie sociale. Et selon le philosophe Jean-Marie Schaeffer, « l'homme n'est pas une nature ou une essence. Il est la cristallisation généalogique provisoire et instable d'une vie en évolution[1] ».

La seconde tendance, défendue par les humanistes, préconise que l'humaine nature ne dépend pas de la main humaine. C'est aussi le point de vue de Jean-Jacques Rousseau : « La nature a fait l'homme heureux et bon[2]. » Dans cette perspective, le naturel est ce qui est donné indépendamment de l'activité ou de l'art humain. Il s'oppose à l'artificiel (ce qui procède de l'intervention humaine).

Au-delà de ces deux postures, un consensus est proposé par les humanistes en mettant en avant la perfectibilité de l'homme. Ainsi, l'homme est ouvert à une infinité de possibles, la nature n'est pas définitivement déterminée (non fixe, elle renferme la capacité de changement). Elle a la capacité d'adaptation et tend vers la perfection. Dans cette perspective, la nature est donc plastique, et peut prendre diverses formes dans le temps

---

1. Schaeffer J.-M., *La Fin de l'exception humaine*, Paris, Gallimard, coll. « Essais », 2007.
2. Rousseau J.-J., *Rousseau juge Jean-Jacques*, 1782.

et l'espace. La nature a une disposition naturelle à aller vers la croissance. Au fond, l'espèce humaine ne se définit pas par des caractéristiques concrètes, mais par une propriété universelle – celle de changer, d'évoluer –, ce qui revient à dire que la nature humaine est forcément indéterminée.

Potentialité

État de ce qui existe en puissance, caractère de ce qui est potentiel. Ce terme admet plusieurs visages, il désigne ce qui existe virtuellement, mais aussi des ressources dont une personne, une collectivité ou un pays disposent. C'est, finalement, la capacité à évoluer. Plus la potentialité est élevée, plus la marge de manœuvre est vaste. Chaque personne est unique avec ses ressources, ses forces, ses potentiels spécifiques. Le potentiel est aussi une capacité à acquérir des compétences. On définira ainsi le potentiel par la capacité à développer, dans un délai satisfaisant, des compétences d'un degré supérieur. Dans cette perspective, il est demandé de maximaliser ce qui est positif et de minimaliser ce qui est négatif.

Proprioception et intéroception

Mise en évidence par Sherrington en 1890 et souvent nommée « sixième sens » ou « sens secret », la proprioception représente le flux sensoriel continu mais inconscient qui traverse les parties mobiles de notre corps et grâce auquel nous avons conscience du positionnement et du mouvement de notre corps dans l'espace. Le sens du mouvement de notre corps nous est donné par la vue, les organes de l'équilibre (système vestibulaire) et la proprioception.

Aujourd'hui, à la lumière des recherches sur le fascia, le réseau aponévrotique est reconnu comme l'un des organes sensoriels les plus riches en capteurs, dépassant même celui de la peau. Au-delà des capteurs proprioceptifs connus (tendineux, capsulaires, ligamentaires et les fuseaux neuromusculaires), on note la présence de nombreux capteurs dans les fascias profonds et superficiels. Cette particularité fait du fascia un organe de perception riche, puisqu'il convoque des propriétés proprioceptives (sens kinesthésique, posture, équilibre, mouvement), nociceptives (douleur) et intéroceptives (façon dont on perçoit la sensation en lien avec les besoins du corps et façon de percevoir son état de bien-être ou de mal-être).

La fonction intéroceptive informe le cerveau de l'état physiologique de l'organisme, participant au maintien de l'homéostasie par des voies qui rejoignent l'insula, impliquée dans les processus émotionnels et de la conscience de soi, tandis que la proprioception, de nature sensorielle, est projetée sur le cortex somatosensoriel primaire et correspond à la représentation du corps.

Recherche quantitative sur l'anxiété menée dans le cadre du CERAP

L'objectif de cette recherche était de démontrer que la prise en compte des dimensions du corps et de la perception est pertinente pour l'amélioration de l'anxiété et ce d'autant plus que ce trouble découle d'une interaction entre le corps et le psychisme. Les personnes sujettes à l'anxiété se sentent impuissantes, prises dans un véritable cercle vicieux entre perturbations psychologiques et réactions physiques.

De façon générale, les résultats positifs sur l'anxiété relevés dans les recherches sur la méditation sont attribués au seul contrôle mental, négligeant le rôle de la sollicitation sensorielle dans l'amélioration de ce trouble. La perception est souvent réduite au fait de regarder, d'écouter, de toucher. Or, devenir conscient des états physiologiques du corps tels que la douleur et le bien-être implique fortement la perception. C'est grâce à elle que nous pouvons prendre conscience des états biologiques du bien-être et de l'inconfort. Elle participe à «la neurobiologie du soi[1]», à partir de laquelle nous avons à la fois le sens constant d'être nous-mêmes et la capacité de nous ressentir.

Lors d'un séminaire sur la méditation pleine présence, une évaluation sur l'impact de l'introspection sensorielle sur l'anxiété a été réalisée. Quatre-vingt-quatre personnes acceptèrent de participer à cette enquête, dont dix-huit hommes et soixante-six femmes, âgés de 54 ans en moyenne. Les participants exerçaient une pratique méditative depuis en moyenne treize ans. La population était non clinique (pas malade) et animée par une quête de sens pour la grande majorité.

---

1. Damasio A. R., *Le Sentiment même de soi. Corps, émotion, conscience*, Paris, Odile Jacob, 1997.

Dès leur arrivée dans l'atelier, on leur remit deux questionnaires : un relatif à l'état d'anxiété du moment, et l'autre sur le trait d'anxiété, profil structurel de la personne.

Les questionnaires remplis, la méditation fut conduite sur la base d'un protocole standard de vingt minutes. Les consignes évitaient de solliciter le contrôle mental appliqué à la pensée et aux émotions. Elles étaient essentiellement orientées vers des sollicitations sensorielles reposant sur l'écoute du silence, de l'atmosphère sonore ambiante, de la perception de la qualité de présence, du relâchement et de l'immobilité de la posture du corps, de la vision interne, du ressenti des états corporels, et enfin de la perception du mouvement interne.

Une fois la méditation terminée, les participants étaient invités à remplir à nouveau le questionnaire sur l'état d'anxiété. Nous avons ensuite procédé à une analyse statistique des données qualitatives et relevé un certain nombre de résultats. Ils démontraient la pertinence de solliciter la fonction sensorielle dans le processus d'amélioration de l'état d'anxiété et du trait d'anxiété. Au-delà de ce résultat positif, que l'on retrouve dans un grand nombre d'études menées sur différentes pratiques de méditation, ce qui primait pour nous était de montrer l'importance de la perception comme mode d'intervention efficace sur l'anxiété, hors contrôle volontaire.

Science et méditation

En 2012, cinq cents publications scientifiques ont été rédigées à propos des effets cliniques de la méditation sur la réduction du stress et sur les rechutes de la dépression en agissant sur la production d'endorphines et de cortisol. La méditation modifie dans l'instant, et parfois durablement, le fonctionnement du cerveau. Cette modification apparaît après seulement huit semaines d'entraînement. La plasticité, c'est-à-dire la capacité connue du cerveau à se modifier, nécessite des mises en situation pour se développer. La méditation sollicite plusieurs aires du cerveau liées à la bienveillance, au sentiment d'affiliation envers autrui et à l'empathie.

Le Sensible

La dimension du Sensible mise au point par Danis Bois est née d'un contact direct, intime et conscient d'un sujet avec son corps. Ici, nous l'inscrivons toujours dans un rapport aux manifestations vivantes de l'intériorité corporelle, émergeant d'une relation de soi à soi.

Le «corps sensible», ou «corps propre» (terme phénoménologique), désigne la manière proprement humaine de vivre son corps : corps vivant habité par une conscience. Le corps est le lieu de l'expérience de soi, c'est à partir de lui que nous nous éprouvons et que nous nous sentons vivants.

Spiritualité laïque

Rousseau et Voltaire donneront leur préférence à une religion naturelle, sans objet révélé. Rousseau optait pour la relation à un être suprême dont le portrait philosophique est aux antipodes du Dieu historique. Cette religion naturelle veut résolument s'affranchir de toute espèce de dogme et de prescription moralisante d'un christianisme au centre de la critique. Spinoza est le plus rationaliste de tous les grands philosophes. Considéré comme le père de l'athéisme moderne, il rejette l'existence d'une quelconque entité spirituelle, même si ce terme n'était pas utilisé à l'époque. Einstein dira qu'il croit au Dieu de Spinoza qui se révèle lui-même dans l'ordre harmonieux de ce qui existe, et non en un dieu qui se soucie du destin et des actions des êtres humains[1].

On peut qualifier de « spiritualité laïque » toute forme de réflexion sur les questions métaphysiques indépendantes des dogmes religieux.

---

1. Einstein A., *Réponse au rabbin Herbert S. Goldstein*, 1930.

Bibliographie

Austry D., Berger E., Grenier K. et Léger D., *Identité, altérité, réciprocité. Pour une approche sensible de la formation, du soin et de l'accompagnement*, Ivry-sur-Seine, Point d'Appui, coll. «Forum», 2015.

Barbier R., préface, dans Bois D., Josso M.-C. et Humpich M., *Sujet sensible et renouvellement du moi. Les apports de la fasciathérapie et de la somato-psychopédagogie*, Ivry-sur-Seine, Point d'Appui, 2009.

Becker R. E., *La Vie en mouvement*, Paris, Éditions Sully, 2012.

Bois D., «Le corps sensible et la transformation des représentations de l'adulte», thèse de doctorat, université de Séville, 2007.

Bois D., Gauthier J.-P., Humpich M. et Rugira J.-M., *Identité, altérité, réciprocité. Articulation au cœur des actions d'accompagnement et de formation*, Rimouski, Ibuntu, 2013.

Bois D., Josso M.-C. et Humpich M., *Sujet sensible et renouvellement du moi. Les apports de la fasciathérapie et de la somato-psychopédagogie*, Ivry-sur-Seine, Point d'Appui, 2009.

Bois D., «L'advenir, à la croisée des temporalités», Réciprocités, n° 3, CERAP, mai 2009.

Bois D., *Le Sensible et le Mouvement*, Ivry-sur-Seine, Point d'Appui, 2001.

Bois D., *Un effort pour être heureux*, Ivry-sur-Seine, Point d'Appui, 2002.

Bois D., «Corps sensible et transformation des représentations: proposition pour un modèle perceptivo-cognitif de la formation d'adulte», mémoire de DEA, université de Séville, 2005.

Bois D., *Le Moi renouvelé*, Ivry-sur-Seine, Point d'Appui, 2006.

Bois D., *Le Seigneur de la danse*, Paris, Guy Trédaniel éditeur, 1995.

Brentano F., *Zukunft der Philosophie*, Vienne, Meinner Hölder, 1893.

Bourhis H., «Le toucher manuel de relation sur le mode du Sensible et l'intelligence sensorielle», thèse de doctorat en sciences de l'éducation, université Paris-8, 2012.

Changeux J.-P., *Raison et plaisir*, Paris, Odile Jacob, 2002.

Courraud C., «Toucher psychotonique et relation d'aide», mémoire, Université moderne de Lisbonne, 2007.

Descartes R., *Principes de la philosophie*, art. 9, Paris, Gallimard, coll. «Bibliothèque de la Pléiade», 1970.

Duprat E. et Lefloch G., *Gymnastique sensorielle. Vers une écologie du vivant*, autoédition, 2015.

Eckhart (Maître), *Et ce néant était Dieu*, Paris, Albin Michel, 2000.

Einstein A., «Lettre à Murray W. Cross, 26 avril 1947», dans *Einstein and religion*, Max Jammer, epub, 2011.

Elkaïm M., *À quel psy se vouer*, Paris, Seuil, 2003.

Eschalier I., *La Fasciathérapie. Une nouvelle méthode pour le bien-être*, Paris, Guy Trédaniel éditeur, 2010.

Eschalier I., *La Gymnastique sensorielle pour tous*, Paris, Guy Trédaniel éditeur, 2018.

Eschalier I., *La Gymnastique sensorielle, pour cheminer vers soi et se déployer dans le monde*, autoédition, 2017.

Garner Sutherland W., *Ostéopathie dans le champ crânien*, Paris, Éditions Sully, 2011.

Humpich M., «La réciprocité au cœur du Sensible. Vers de nouveaux visages du devenir en relation», dans Austry D., Berger E., Grenier K. et Léger D., *Identité, altérité, réciprocité, op. cit.*, p. 120-121.

Husserl H., *Philosophie première, II*, Paris, PUF, 1971.

James W., *Précis de psychologie*, Paris, Marcel Rivière, 1924, p. 505.

James W., cité par Odrej Svec, *Phénoménologie des émotions*, Villeneuve-d'Ascq, Presses universitaires du Septentrion, coll. «Philosophie contemporaine», 2013, p. 90.

Jeannerod M., *Le Cerveau intime*, Paris, Odile Jacob, 2002.

Kessel J., *Les Mains du miracle*, Paris, Folio, 2013.

Lavelle L., *La Présence totale*, Paris, Aubier, coll. «Philosophie de l'esprit», 1934.

Léger D., «De l'empêchement à la promesse», dans Austry D., Berger E., Grenier K. et Léger D., *Identité, altérité, réciprocité, op. cit.*

Maslow A., *Devenir le meilleur de soi-même*, Paris, Eyrolles, 2013.

Maslow A., *L'Accomplissement de soi*, Paris, Eyrolles, 2013.

Merleau-Ponty M., *La Phénoménologie de la perception*, Paris, Gallimard, 1945.

Meyer R., *La Pleine présence*, Paris, Guy Trédaniel éditeur, 2013.

Midal F., *Méditation. L'aventure incontournable*, Paris, Albin Michel, 2015.

Midal F., *Foutez-vous la paix*, Paris, Flammarion, 2018.

Noël A., *La Gymnastique sensorielle*, Ivry-sur-Seine, Point d'Appui, 2000.

Nottale C., «Contenus de vécu et processus à l'œuvre dans l'introspection sensorielle sur le mode du Sensible», mémoire de master en psychopédagogie perceptive, université Fernando-Pessoa, Porto, 2014.

Oxford Book of Carols, traduction du texte n° 557, «La vie spirituelle».

Renaldi R., «La cognition incarnée ou quand la pensée vient du corps», *Le cercle psy*, mai 2017.

Ricard M., *L'Art de la méditation*, Paris, Nil, 2008.

Richir M., *Le Corps : essai sur l'intériorité*, Paris, Hatier, 1993.

Rogers C., *Le Développement de la personne*, Malakoff, InterEditions, 2005.

Roll J.-P., «Le sentiment d'incarnation : arguments neurobiologiques», *Revue de médecine psychosomatique*, 35, 1993, p. 75-90.

Sacks O., *L'homme qui prenait sa femme pour un chapeau*, Paris, Seuil, coll. «Point Essais», 1992.

Satperm, *Le Mental des cellules*, Paris, Robert Laffont, 2003.

Singer C., *Derniers fragments d'un long voyage*, Paris, Albin Michel, 2007.

Stern D., *Le Moment présent en psychothérapie*, Paris, Odile Jacob, 2003.

Still A.-T., *Andrew Taylor Still. Autobiographie*, Paris, Éditions Sully, 2017.

Des mêmes auteurs

Danis Bois

Le Moi renouvelé, Ivry-sur-Seine, Point d'Appui, 2006, traduit aux États-Unis sous le titre *The Wild Region of Lived Experience. Using Somatic-Psychoeducation*, North Atlantic Editor, 2008. Ouvrage également traduit en roumain (*Când Eul Renaste, Introducere în Somatopsihopedagogie*), en portugais (*O eu renovado, introdução à somato-psicopedagogia*, Brésil, Éditions Idéia e lettra), en allemand (*Das Erneuerte Ich*) et en grec.

Un effort pour être heureux, Ivry-sur-Seine, Point d'Appui, 2002.

Le Sensible et le Mouvement. Essai philosophique, Ivry-sur-Seine, Point d'Appui, 2001.

Le Seigneur de la danse, Paris, Guy Trédaniel éditeur, 1995.

Fasciathérapie : une thérapie manuelle de la profondeur, avec Berger E., Paris, Guy Trédaniel éditeur, 1990.

La Vie entre les mains, Paris, Guy Trédaniel éditeur, 1989.

Ouvrages collectifs

Bois D., Josso M.-C. et Humpich M., *Sujet sensible et renouvellement du moi. Les apports de la fasciathérapie et de la somato-psychopédagogie*, Ivry-sur-Seine, Point d'Appui, 2009.

Bois D., Gauthier J.-P., Humpich M. et Rugira J.-M., *Identité, altérité, réciprocité. Articulation au cœur des actions d'accompagnement et de formation*, Rimouski, Ibuntu, 2013.

Bois D. et Humpich M., *Vers l'accomplissement de l'être humain*, Ivry-sur-Seine, Point d'Appui, 2009.

Isabelle Eschalier

La Gymnastique sensorielle pour tous, Paris, Guy Trédaniel éditeur, 2018.

La Gymnastique sensorielle pour cheminer vers soi et se déployer dans le monde, autoédition, 2017.

La Fasciathérapie. Une nouvelle méthode pour le bien-être, Paris, Guy Trédaniel éditeur, 2010.

Informations

Site personnel de Danis Bois : http://danis-bois.fr

Site personnel d'Isabelle Eschalier : http://meditationpleinepresence.com

Société Point d'Appui : https://pointdappui.fr

Éditions Point d'Appui : http://editions.pointdappui.fr

CERAP (Centre d'étude et de recherche appliquée en psychopédagogie perceptive) : http://www.cerap.org

Chaîne Youtube de méditations en ligne : Apprendre-en-corps

Composition : Soft Office
Imprimé en Allemagne par BoD
Dépôt légal : avril 2019

9 782212 572162